超訳
速習
図解

# 営業嫌いだった人が
# １億売る人に変わる
# 「仕事ノート」

Chieko Asakura
朝倉千恵子

プレジデント社

# はじめに

ゼロからのスタートとよく言いますが、私の場合はマイナスからのスタートでした。

32歳で離婚し、世間のことを何ひとつ知らない主婦から独身に逆戻り。生きるためにビジネスマン相手に路上で帽子やネクタイを売っていましたが、そこで人に騙され、とうとう無一文になってしまいました。

やっとのことで証券ファイナンスの会社で働くことができ、まったくの経験ゼロから、株式売買の営業を始めました。電話一本で億単位のお金を動かす仕事にもかかわらず、一時は会社の総売上の8割を上げるというビギナーズラックに恵まれもしました。ところが最終的には自分自身がその株で大失敗し、4千万円の借金を作ってしまったのです。

そのときの私は35歳。正社員として雇ってくれる会社を探しましたが、「年齢、女性、バツイチ」という３重苦の私を拾ってくれる会社などありませんでした。

借金を返すために、「せめて時給の高い夜の仕事を……」と頼み込んだ横浜桜木町のお店でチーママをすることにほぼ決まっていました。ところが、最後に受けた「株式会社社員教育研究所」から合格の通知が届いたのです。

これこそが、私が「企業の人財教育や女性の戦力化」を手がける第一歩であり、資産マイナス4千万円からのスタートでした。

しかし、根が臆病な私は、電話のアポ取りなどが大の苦手で、"営業だけはしたくない"と思っていました。営業という仕事が嫌いだったのです。

そんな私がよき上司に恵まれ、私の力を10倍に引き出してくれたおかげで、年間１千万円の数字を上げれば優秀と評価される職場で、年間１億円の数字を単独で上げることができたのです。

そしてこの再出発をひとつの機会に、心に留《と》まった大切なことや尊敬する経営者や上司の言葉、そして私自身が実践で身につけた生き抜くための知恵やマナー、言葉遣いなどを日々、ノートに書き留めてきたのです。

本書はこのノートに残されていた中で、特に私に「気づき」を与えてくれた言葉、そして営業職の方やこれからリーダーを目指す人に、知っておくだけで結果につながる言葉を紹介しています。

ここにこのノートを公開することで、あなたのお仕事のヒントになってくれることを願ってやみません。

朝倉千恵子

［目次］

# 「営業力」＝「売る力」はどんな人にも大切な仕事の基本です！

株式会社新規開拓社長
**朝倉千恵子**

「成功したい」と思っている人は、星の数ほど存在するでしょう。しかし、成功のために、いま現在、自分に投資している人はほんのわずかです。そして、そのほんのわずかな人が他人から「成功者」と呼ばれるのだと思います。

待ちに待った休みの日曜日。そのプライベートの時間を削って、自分の仕事のために本を読む。このように同僚より、ほんの少しだけ努力するといったことも時間や労力を自己投資していることになります。これをもし1年間続ければ、その結果はそうとうの差になって表れてくるでしょう。

私自身、起業した当初、他社のいろいろな能力開発セミナーを受講しました。その中でも一番高かったのは年間415万8千円のセミナーです。効果はあったのかと聞かれればイエスです。そのセミナーで出会った人のほとんどは成功者になりましたし、半数以上がご自身の著書を出版しています。

現在、私どもの会社が主催している「トップセールスレディ育成塾」の受講生はすでに1700人を超えましたが、個人で受講料の258,000円（税抜）を自己投資されています。自己投資して学ぶには、決して安くない金額ですが、そういう真剣さや真摯さを持っている方々だけに、社内で№１になるほどの成果を上げている人も少なくありません。

ただ、一つ言えることは社内で№１になれた人たちも、じつは最初は私と同じように〝営業嫌いの人〟が多かったのです。それで思うように成績が上がらずに悩んでいたときに、「トップセールスレディ育成塾」に出会ったわけです。そこで学ぶことでみな、精神的に強くなり、徐々に結果も出せるようになりました。

私が思うに結果を出せない人ほど、のんびりとしています。まさに昔の自分を見ているようで心苦しいのですが、それは他人に依存している人生だと感じます。

営業でも売る力を発揮して、コンスタントに結果を出し、1億円売るような人は、自分が思うように売れないときはすごく悔しい顔をするものです。世の中の状況に甘んじて、いつものほほんとしていては生き残れません。

「できません」から入る人と、
「かしこまりました」から入る人では、
次の展開、結果が大きく違います。

「できません」と、ノーから入る人は
できない理由を考えるだけで終わる。
そこに進歩はありません。

だからこそ、「かしこまりました」と
前向きに受け入れて、
どうやったらできるかを
考えてほしいのです。

営業でいえば、女性のほうが最初は得かもしれません。
女性特有のやさしさや距離感、コミュニケーション能力で
お客様の心にスーッと入っていけるからです。
でも、２度目の面談が取れるかどうかは、結果的には
Woman ではなく Human――
人としての魅力、仕事人としてのプロ意識だと思います。

アマチュアはプロセスを問われますが、
プロフェッショナルは
結果しか問われません。

もし上司から強く結果を
求められているなら、
それは、あなたがプロとして
認められている証拠。

上司はできる部下に、
いちいちプロセスについて、
とやかく言わないものです。

仕事のプロの世界とは何なのでしょうか？　私もよくそこで悩みましたが、プロの世界とは「まぐれのない世界」だと思います。

たとえばラーメン屋さん。「昨日は美味しかったけど、今日はまずい」というお店は、絶対にうまくいきません。それだったら最高点の味でなくても、「70点の出来だけど、いつ行っても同じ味」のお店のほうがむしろ繁盛するでしょう。

たとえ70点でも、コンスタントに同じ味を出すことは大変です。スープの原料となる野菜や鶏がらは作る日によってばらつきがあります。同じ分量で作ったからといって、同じ味になるとはかぎりません。

それでも絶妙のコントロールで日々同じスープの味を作り続けることはプロの仕事、「まぐれのない世界」です。そういう能力を持った人なら、ちょっとしたヒントを得るだけでスープの味を100点満点にすることは可能です。

プロフェッショナルな人が部下だったときは、上司は部下のやり方を責めません。ただ、結果のみに言及するだけで、本人は行いを改めて精進してくれる。管理職なら、そんな部下を育てたいものです。

悩むと行動が止まります。
悩むと、背中が丸まり、
首が垂れてきます。

そんなときこそ、
「よし！ 切り替えよう‼」と声に出して、
胸を張り、姿勢を正してください。

心が苦しいときは、
姿かたちを変えることによって、
不思議と前向きな気持ちが
ついてくるものです。

最初は営業ほど、嫌な仕事はないと思っていました。
でも始めてみたら、営業ほど素敵で
面白いビジネスはないと感じたのです。
あなたの仕事がたとえ営業職でないとしても、
この営業という能力はとても大切です。
なぜなら、人生そのものが「自分を売る」という点で、
営業そのものなのですから……。

落ち込んでいる時間が
長ければ長いほど、
もったいないと思いませんか。

私自身にも、
そんなマイナスの時期がありましたが、
いま思うに、自分が落ち込んでいる原因は、
すべて自分が決めた道を歩んだ
結果だったのです。

これは誰のせいでもない自己責任の世界――
そう思うことができた瞬間、
私は超ポジティブ人間に
生まれ変わることができました。

いまでは想像もつきませんが、35歳で4千万円の借金を抱えた私は超ウルトラのマイナス思考人間でした。

見た目には明るかったとは思います。学生時代はバレーボールに打ち込む快活な少女、大学時代は親分肌、卒業後に就いた小学校の教諭時代はやる気のある先生、主婦時代は、元気な母、いい嫁、良き妻……。

でも、心の中では少しでも上手くいかないことがあると他人のせいにしてばかりいました。八方美人で明るく振舞っていましたが、それは単なる演技。相手のことが嫌だと思ってもそれを口に出したら悪い、人前で愚痴を言うのはみっともないと思っていただけなのです。

心の中で嘘をついているわけです。自分で決めた選択肢もすべて、世間体や恰好がいいか悪いかで選んできたのです。それはつまり、世間や常識で選んでいただけで、自分自身が責任を負って選んできたのではなかったということです。

そのことに気づいた瞬間、４千万円の借金のことも不幸な境遇も全部自分のなせる結果であると思うことができました。それ以来、小さな失敗はあっても、どんなときもプラス思考で着実に夢に近づいていると感じます。

仕事柄、多くのトップの方と接する機会があります。
トップに立つ人はみな、
人を見下すこともなく、誰に対しても同じ態度で、
礼儀礼節を重んじて接してくれます。
これは絶対に必要な大事な部分です。
この礼儀正しさを持って接すれば、まず敵を作りません。
また、どこへ行っても愛される、人生最大の武器だと思います。

「２位でいいじゃないか」と言う人は、
きっと２位にもなれません。
絶対にトップを取ると決めている人
でないとトップにはなれません。
周りが「無理無理、君には無理」と
言おうと気にしないことです。
周りに「君は優秀だ」とほめられても、
「いや、そうでもないですよ」と
卑下しないことです。
ただただ、「自分には絶対できる」と
思えばいいのです！

一流会社の三流社員は、
中小企業のできる社員より
使いモノにならないと感じます。

中小企業の一流社員は
だんぜんよく働きます。

それは一人で何役も
こなさなきゃならない分、
どんどん優秀になっていくのです。

私が創業した株式会社新規開拓では、勤続3年以上の部下で辞めた人は出産が理由の女性社員以外は１人もいません。それどころか、出産で辞めていた部下が去年2人、復帰してくれました。今年も１人、復帰してくれます。

わが社は社員教育の会社だけに、私は社員にも人一倍厳しくしっかりと教育します。身を削って手塩にかけて育てる分、部下が辞めるときは戦力的にも心情的にも大変痛みを感じるものです。

世間では、社員の出入りが多い会社もたくさんあります。そういう会社の社長さんに限って、社員にはあまり勉強させません。育てる、鍛えるといった手間や時間やお金を惜しむのです。その半面、自分だけは付き合いだといって他社の人との飲食やゴルフなどにお金を使います。おまけに、「うちみたいな小さな会社にはロクな人材はいませんよ。みんな大手にとられてね」と平気で言うのです。

そういう社長さんに対して私は、たとえクライアントでも、「自分の会社に来てくれた社員がいて、社員が一生懸命働いているから、社長自身が成り立つんです」と言います。それが私の偽らざる本心。社員の成長なくして、企業の永続的な繁栄はあり得ないからです。

「あなたから買いたい」
「あなたと仕事がしたい」
「あなたが言うなら、信じるよ」と、
言われる人を目指したい。

そうすればいつの間にか、
どんな不況も関係ない、
優秀なビジネスパーソンに
生まれ変われます！

第1章

# 言葉の使い方、言い方ひとつで人生が大きく変わります

目標は紙に書き出す

私の夢は
会社を設立して
……
10年後には
売上10億円！

たんなる夢追い人では成功しない！

# 001 結果を出すために あえて人の逆を やってみてください

新人だった私が電話でアポを取る業務をしていたときのことです。電話営業用の名簿を渡された私はそのとき、超スランプでした。だから、あえて「ワ行」から電話をかけ始めました。それは多くの営業担当者が「ア行」から、かけ始めていたからです。

じつはこれが大正解！　自社名を告げると「初めて聞いた」と答えるお客様が多く、興味を持って話を聞いていただける確率が非常に高くなったのです。

株の世界の格言に「人のゆく裏に道あり花の山」という言葉があります。あえて人の逆を行くと競争率は低くなり、そこに大きな成功が隠されているという意味です。

もちろん、すべてがすべて人の逆というのは、単なるあまのじゃく。しかし社長の私から見れば、勝算ありと思えば、あえて常識の逆を行く度胸と発想力のある社員は、じつは頼もしい存在であると感じています。

# 002 やれると信じて書いた目標は必ず実現していく！

「言霊《ことだま》」という表現があります。言葉には魂が宿っていて、口に出した言葉はいいことも悪いこともその発言通りに実現するという日本古来の信仰のようなものです。しかし、私はこれを迷信とは思いません。

「どうせこの仕事は失敗する」などと口に出してしまうと、その言葉の負の力によって、心が後ろ向きになり、結局うまくいかないということが多いからです。

そんな言霊以上に実現力を持つのは「書霊」だと私は思っています。私は11年前、独立するにあたって「こうありたい」と望んだことをすべてノートに書き出しました。先日、そのノートを見直してみると、当時は夢に思えたことが、90％以上実現できているのです。

思いを込めて紙に書いた目標が、成功への最短距離を導いてくれる灯台のような役割を果たしてくれたのだと実感しています。

## 003 「とりあえず……」「いちおう……」は、「まあ、いいか」につながる

私の仕事場において、「とりあえず」や「いちおう」といった曖昧な〝保険言葉〟は禁句です。自分もそのような言葉は使いません。私はこれを「ビジネスあいまい用語」と呼んでいます。

一番の大きな理由は、これらの言葉には責任も覚悟もついてこないからです。いざというときは「逃げてしまおう」という意思が透けて見えるからです。

「とりあえず、○○しておこうと思います」という言葉が出そうになったら、「事実はこうです。それに対して自分は○○するのがよいと判断します」と、ハッキリと事実は事実、意見は意見として分けて話をするべきです。それだけで論理が明快になり、また聞く側も必要な対策をアドバイスしやすくなります。

仕事の現場であいまいな言い回しを許していると責任不在の、なにをやっても「まあ、いい」で済んでしまう組織になってしまう。だから〝厳禁〟なのです。

# 004 部下が会社を辞めるのは「部下が上司を見限った」からです

上の言葉はＯＬ時代、上司に教えられた言葉です。しかし、自分が勤めているうちは頭では理解できても、その本当の意味がわかっていませんでした。

しかし、自分が経営者になってから、部下の一人が会社を辞めたいと言ってきたとき、この言葉の本当の意味を知ったのです。なにしろ私は自分の彼氏を失うよりもショックを受け、口をついて出た言葉が「手を離したくない」だったのですから。

もしかしたら経営者が社員に言う言葉ではないかもしれません。しかし、腹が立つところもすべてひっくるめて部下を愛していた私にとって、それは正直な言葉だったと思います。

そして、現在も「部下を『人から愛される人財』に育てるには、自分がどこまで部下を愛せるか、そしてどこまで真剣に向き合えるかにかかっている」をモットーに愚直に部下を愛し続けようと心に決めているのです。

# 005 給料の10倍稼がないとこれからの時代は生き残れません！

10年以上前のビジネス誌などを取り出して眺めてみると、「給料の３倍稼ぐことができれば、どこへ行っても通用する」というような記事が書かれています。

でも、これは嘘、とんでもないと思います。経営者になってみればわかることですが、保険料や税金、各種手当を考えると、手取りの３倍稼いだところで、会社としてはとんとん、利益はほとんど出ません。

もしあなたが自分で会社を設立し、社員を雇ったとします。そのとき、給料の３倍稼ぐ人と10倍稼ぐ人がいたら、どちらを選びますか？　当然10倍稼ぐ人でしょう。

それよりも給料の３倍の売り上げでよしというのでは、あまりにも目標が小さすぎます。目標値が給料の10倍であるからこそ、今までの仕事ぶりも一変し、周囲に見違えるような働き方を示すことのできる人になれるのです。そんな人ならば、どこに行っても通用します。

# 006　相性の悪い上司を無理に好きになる必要はまったくない

プライベートなら、無理に相性の悪い人と付き合う必要はありません。付き合う相手の選択は自分自身でできます。

しかしビジネスの世界では上司もお客様も、自分で選択することはできません。相手がどんなに相性が悪い人でも、つねに前向きな態度と気持ちを持って仕事をしなくてはならないのです。

だからといって、無理に相手を好きになろうとする必要はありません。好きにならなくても、お客様はお客様、上司は上司。彼らの指示や考えを無視して行動するわけにはいかないのです。

むしろ大事なのは、相手の仕事観や能力をきちんと認めることです。

つまり、相手のいいところを認めて敬意を払い、尊敬の念を持つ。つねに相手をリスペクトできていれば、相性が悪くても支障なく仕事はできるのです。これは私の実感であり、人間関係の要諦でもあります。

007

「死ぬほど働いた
経験がある人。
徹底して仕事をすることを
知っている人は、
仕事以上に面白いものは
ないと感じている」

経営トップの私が断言するのもなんですが、わが社ほど厳しい会社はないでしょう。社長の私は細かいし、うるさいし、問題点は絶対に見逃しません。それでも、社員全員がいい顔をして仕事に励んでくれています。

厳しい会社なのに生き生きと働いてくれるのは、社員たちが、「仕事以上に面白いものはない」という真理に気づいているからではないでしょうか。

左にある言葉は、私が尊敬している社長の名言です。わが社も質、量、そして責任と裁量ともに社員にかなりの負荷をかけているので、かえって仕事の面白さを感じる域に達しているのだと思います。

私は女性ですが、社員に対してムキになるほうです。「同じ失敗を何度くり返すのですか！」と怒鳴ります。叱られて涙顔になっても、容赦なく得意先を回らせます。

それができるのは部下のことを決して見下したり、バカにしたりしないからです。彼らの可能性と能力は無限大と信じているからです。私は社長ですが、部下は私より優れていると思っています。このような気持ちで向き合っているからこそ、仕事に対するやりがいを胸に、みな人並み以上に仕事をすることに喜びを感じてくれるのです。

## 008 努力している人の失敗は「負債」ではない。それは「財産」です

日々の仕事での気づきをメモしてきた私のノートにホンダの創業者、本田宗一郎さんのこんな言葉が書かれています。

「人生、失敗なんていくらでもある。いいと思ってやったんだから、しくじったのも無駄じゃねえんだ」

同感です。失敗を「負債」ではなく「財産」と思える凄さ。実際にホンダの社内では、失敗賞という賞があるくらい、失敗を奨励していたそうです。なぜなら、失敗というのはじつはプラスの要素を持つもので、「その方向に進んで行ったら失敗するぞ」ということの証明であり、一種の知の財産だからです。

仕事とは何かと言えば、それは決断の連続であり、無数の選択肢を選んで利益に結びつけていくことです。よって失敗を知ることは、正しい選択肢を知ることにもつながるわけで、それはより正しい決断の近道を教えてくれることになるのです。

# 009 不平や不満は最後はすべて、自分にはね返る

批評家タイプの人は、口は上手でも意外に出世しません。「わが社の社員は本当に無能だ」「社長もまったくダメな人だ」「景気が悪いので売れるわけない」。できない理由をあげつらう人は、頭はいいのに成績は下位に甘んじる。またお客様が断ると、帰り道に罵《ののし》りの言葉を連ねる人。こういう人も伸びません。むしろ、そんな口ぐせが自分の身にはね返ってきて、どんどん運から見放される印象さえあります。

物事の結果を他人のせいにする——その考え方が運を落とす最大の原因。ただ理由はそれだけではないようです。大脳生理学によると、人間の脳は主語の違いを理解できずに、他人への悪口を自分への悪口と感じ取ってしまうそうです。

人のことを「あいつはダメだ」と言っていると、いつの間にか自分がダメ人間になってしまう。マイナスの口ぐせが、できる人をどんどんダメにするのです。

010

# 肩書をもらったら、
# その肩書に
# ふさわしい人間になるよう
# 努力したい

能力主義だ、実力社会だと言われている昨今ですが、結局のところ日本が肩書社会なのは、今も昔も変わりません。年齢を重ねるごとに昇進する年功序列も、完全に崩壊したとは言えません。

それでもビジネス社会がうまく回っているのは、肩書を与えられたら、その肩書にふさわしい働きをするよう誰もが努力するからでしょう。努力の末に肩書がついてくるのが本来の形ですが、「肩書が人を作る」というのもまた真実なのです。

たとえば頑張りが認められて主任に昇格したとします。それは主任の仕事ができるから昇格したわけではなく、主任の仕事を任せられる能力がありそうだからという上の判断で任命されたにすぎません。肩書がついてからの仕事の実践は、肩書がついた時点からがスタートなのです。

と言っても、その時点で部下全員が主任と認めてくれたわけではありません。とにかくその肩書にふさわしい仕事を全うする。そして部下の面倒を必死に見て、下から尊敬される人になるべく努力することです。

011

# 「ノー」とはっきり言う人が相手から「イエス」の返事を引き出せる

今は何でもはっきりとモノを言う私ですが、勤めていた新人の頃は、とにかくノーが言えない性格でした。さらに断ることが大の苦手で、仕事にならない話でも聞いてしまい、先の先までスケジュールがいっぱいになってしまったのです。自分で自分の首を絞めるような毎日でした。

これは八方美人的な意識が原因です。またそれは、自分で決定することから逃げて、誰かに結論をゆだねたいという依存心から来るものでした。でも、そこから抜け出すことができました。それは、

「自分に起こることは、すべて自己責任」

そう腹をくくったからです。そう決意したことで、意にそわない申し出を断ることができる人、正しいと思うことをはっきり主張できる人に変われたのです。

するとどうでしょう。「朝倉さん、あなたはずいぶんとはっきり言う人ね」と相手に言われながらも、関係は壊れるどころか、深まることに気づきました。ビジネスにおいては八方美人にならず、「ノーはノーとはっきり言う」ほうが説得力が強まり、相手との意思疎通も深まると実感したと同時に、八方美人——いわゆる「いい人はどうでもいい人」であることに気づいたのです。

012

# 300円のビールを1500円で売るのが営業マンの底力

「営業マンにとって付加価値こそ力になる」――私の仕事の信条の一つですが、ここで少しご説明しましょう。

「ビールの値段は300円。だがそのビールを1500円で売ることは簡単。隣に心の温かいお姉さんが、笑顔で座って冷たいビールを出してくれれば1500円出しても惜しくない」

「でも、不愛想なおばさんが『どうぞ』とも言わずに、テーブルにドカンとビールを置いて550円。これじゃ、家で飲んだほうがましと思うよね。で、家に帰ると冷たい女房が温かいビールを出してくる……」

どれももとは同じ値段のビール。でも、客としての立場になると、一方は５倍の値段を出しても惜しくないのに、一方は定価でも飲みたくなくなる。つまり、同じ商品でも、営業マンによって顧客満足度が変わるのです。

じつはこんな小話を集めた仕事ノートも、私の営業の「付加価値」の一つです。会うたびに違った話を披露すると、相手の方が「今日はどんな話かな」と楽しみにしてくださったり、朝礼で使ってくださったり……。お客様が「あなたの会社と付き合っていてよかった」と感じて満足してくださることが何よりも嬉しいのです。

013

# 日々、自分の仕事は自分で評価する。それが成長の秘訣

自分ではつねに同じようにやっているつもりでも、時には叱られたり、お客様からのクレームが続いたりすることがあります。こういうときに心が折れてしまうのは、自分の中に「基準」を持っていないからです。

上司も人間ですから、虫の居所次第でつらく当たるときもあれば、思いもよらない高い評価をすることもあります。お客様などは十人十色で求めるものもそれぞれ違う。評価が人によって違うのは当たり前なことなのです。

ところが評価される側は一人なので、評価がまちまちだと、振り回されてしまいます。

しかし、自分の仕事に一定の基準を持っていると、「昨日は、あの部分が足りなかったから叱られたんだ」「今日は満足できる仕事じゃなかったのに、褒められた。単なるラッキーだから有頂天にはなるまい」というように、心は折れることなく、反省へと向かいます。

たとえ傍《はた》からの評価が低くても、しっかりやったという実感があれば、自分に100点をあげていいのです。

ただし、成長に応じて自己基準のハードルも上げていくこと。そうでないと進歩はしません。

# 014 「どうせ私は……」というマイナス感情を今すぐ追い出して！

ロシアの作家・ゴーリキーの戯曲『どん底』の中に、こんな言葉があります。

「才能とは自分自身を、自分の力を信じることである」

どんなに才能がある人でも「どうせ私にはできっこない」と周囲に漏らしている人は、いつまでたってもその才能を開花させることはできません。本人は謙遜のつもりで言っていても、自分の口から出たその言葉に引きずられてしまうからです。

前にも触れましたが、人間の脳は、自分で発した言葉をそのまま信じ込んでしまうのです。ネガティブな口ぐせが多い人は、自分自身にマイナスの自己暗示をかけてしまうのです。今の自分を変えたいと思ったら、まず自分自身を信じること。そして、その第一歩は「どうせ私なんか……」という自分を自分で卑下する言葉を心の中から追い出すことです。あきらめないでやり続ければ、結果が後からついてきます。

# 015 美辞麗句より「真心」を前面に出せば、必ず気持ちは伝わる

セミナーなどで、多くの若い女性と話す機会があります。そのとき少し気になるのは、敬語の使える人と使えない人の差が大きい点。同じ年齢層でも完璧な敬語を使いこなす女性もいれば、まったくダメという女性も結構いるのです。

ところが妙なもので、じっくり話し込んでいると、敬語の使えない人のほうがなぜか熱いパッションというか体温を感じるのです。一方で敬語が完璧な人は美辞麗句やマニュアル通りの受け答えで、しとやかではありますが、あまり情熱が伝わってこないのです。

敬語というのはマナーや礼儀です。社会人なら失礼にならぬ程度にマスターしておくべきスキル。しかし、人は、言葉の裏にある熱意に心が動かされるもの。ですから自分の情熱を100％伝えたいときは、身構えるのではなく、自分の言葉でしっかりと本心を伝えたほうがいいのです。

# 016 「……のに」と言うと必ずその後が愚痴になってしまう

つい口をついて出る口ぐせに「一生懸命やったのに」「頑張ったのに」といった言葉があります。
でも、この口ぐせは自分から「幸せ」を奪う言葉だと思います。特に問題なのは語尾の「のに」の部分。この２文字の後には愚痴しか出てこないからです。
「一生懸命やったのに、明日から気持ちを切り替えて巻き返すぞ」などと、「のに」の後には絶対にポジティブな言葉は付きません。

反対に「一生懸命やったのに、あいつが邪魔した」というマイナス表現は日本語的にすんなりきます。
つまり、この「のに」の２文字が、どんどん自分の心中に渦巻いている愚痴を引き出してしまうのです。ですから仕事の場面では特に厳禁。「のに」という表現は絶対に使わないと決めてください。

# 017 やる気と本気と根気。この３つを大事にする会社はつぶれない！

だいぶ前、たしか15年ほど前に読んだ本だと思います。そこにあった「つぶれる会社の３つのムダ」という項目がとても印象に残っています。その３つとは……。
①倉庫に山積みにされている在庫
②広すぎるオフィス（場所）
③働かない社員

どうでしょうか。あなたの会社にも思い当たるところはありませんか。たとえば人・モノ・金の中で、一番重要となる「人」。働かない社員が多い会社は当然のように傾くでしょう。人数が多いからと言って、売り上げが上がるわけではありません。少数精鋭。やる気と本気と根気のある「人財」さえいれば、怖いものはない。私も独立して11年。何とか人並み以上の業績を上げてこられたのも、この「やる気と本気と根気」の三拍子揃った社員の育成に力を注いできたからだと思います。

## 018 報告を徹底しない人は<br>知らないうちに<br>上司に恥をかかせている

小さい頃、私は母から何度も言われたことがあります。
「千恵子、人から何かをあげると言われても、『そんなの、もらわれへん』と断りや。それでもくれはったら、すぐにお母ちゃんに言うんやで。そうでないと『娘さんにお小遣いあげたけど聞いてない？』とお母ちゃんが言われたら恥ずかしいやろ」

というわけで、私は必ず、いろいろなことを母に細かく報告していました。

また中学校時代はお友達の家にお邪魔した後に必ず、お礼の電話をし、そのとき「お母ちゃんもお礼言うて」と、母に受話器を渡していました。「うちの娘がお世話になりまして」と母親から言ってもらったほうが、先方の親ごさんも安心します。きちんとした家の子だと思ってもらえるという知恵がついたからです。

なぜこんな話をするかというと、いいことでも悪いことでも、報告しないと後で上司に恥をかかすことになるからです。
「そんなこと聞いていない！」「知らなかった！」で済まされないのは、子供の世界も大人の世界も同じです。

第2章

# 工夫がなければ仕事は面白くもなく、目標も達成できない

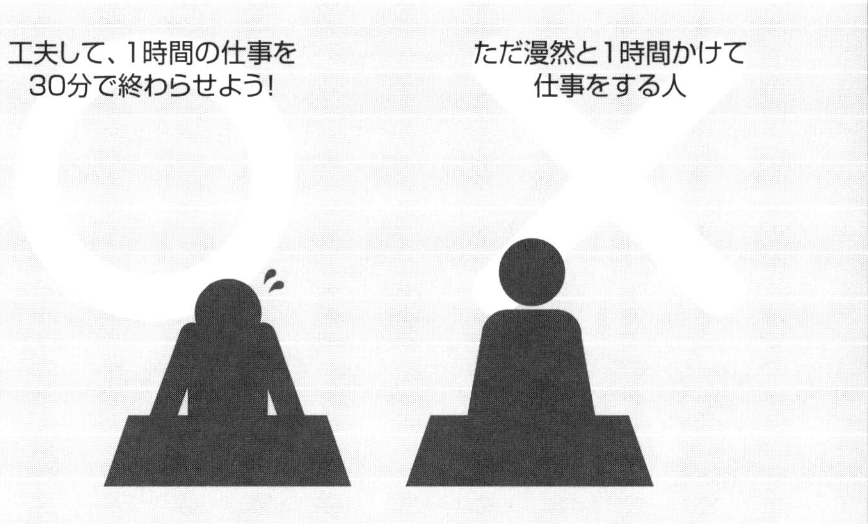
工夫して、1時間の仕事を
30分で終わらせよう!
ただ漫然と1時間かけて
仕事をする人

**頭の使い方次第で、成果は2倍になる!**

# 019 プラス思考で考えないと いつまでたっても 仕事上手になれません

飛び込み営業は、勇気や根性や度胸をつけるために必要と思っている人は多いでしょう。企業もそこに期待して、新人に飛び込み営業を課すケースが多いと思います。

しかし、突然の訪問ですから、相手にしてみれば、これは失礼で不愉快なのは当然のこと。担当者が快く会って話をしてくれることなど皆無です。すると営業側はどうしてもメゲたり、傷ついてしまうものです。

課せられた仕事ですから、やり続けなければいけません。しかし、そこで必要以上に自分の自尊心を傷つける必要はないと私は思います。だから飛び込む「目的」を売ることではなく、「その会社の情報収集」にシフトするのです。すると受付の対応や社内の雰囲気、社風などを観察する力が身につきます。不愛想な対応の会社はこちらからお断りすればいいし、同じ断られるにしても丁寧な対応なら、今後マークしていけばいいのです。

# 020 自分を変えたいなら、まずは周りの環境から変えてほしい！

出張に行ったとき、新幹線の指定席分を会社からもらって自由席に乗り、浮かせたそのお金でビールやおつまみを買って幸せを感じる——それもサラリーマンの一つの知恵です。でも、時には他の方法でも心の豊かさは得られると思うのです。

私はそんなときこそ逆に、身銭を切ってお金を足し、グリーン車に乗るようにしていました。これは社長を始めるかなり前、手取り18万円家賃10万円の頃からの習慣です。

それは以前お世話になった上司から「セルフイメージは絶対に下げるな。財布に1500円しかなくても、お茶を飲むときは高級ホテルを使え。貧乏臭いことをすると、どんどんみみっちくなってしまうぞ！」と教えられたからです。たとえ懐がさみしくても、ちょっと背伸びをして豊かな空間に自分の身を置くと、見えてくる風景や出会う人、情報が一変します。すると不思議なことに、自分自身の「人生の質」まで変わるのです。

021

# 訪問先の受付を味方につけると、いい結果に結びつく！

営業や商談。取引先を訪問するときに、その受付の人とどのように接するかで、仕事のできる人なのか、そうでない人なのかがわかるものです。特に営業職の場合、受付を味方につけることができるかどうかで、成果に雲泥の差が表れるといっても過言ではありません。

受付に好感を持たれなければ、名刺を渡しても上の人に報告さえしてもらえないこともあります。しかし味方につければ、「今日、○○さんという方がいらっしゃいましたが、とても感じの良い人でした。後日改めて連絡するとおっしゃっていました」と、ひと言添えてくれるでしょう。その受付の人のひと言があるだけで、相手の担当者は前向きな気持ちで接してくれるのです。

企業の受付はデパート等の受付と違い、サービスの場ではなく、その企業の最前線。受付の人と接し、言葉を交わした瞬間からビジネスの戦いは始まっているのです。

# 022 人を愛す人ほど愛される。家族を、親を大事にする社員になってほしい

部下には、「自分の親や家族を大切にする人になってほしい」と、私は心から願っています。なぜなら家族を大切に思う気持ちを持ていない人が、同僚やお客様を真に大切にできるとは思えないからです。

人を大切にできる人は仕事の上でもプライベートでも、周りからも間違いなく愛される人です。そして、その第一歩は一番身近な肉親を愛すことだと思うのです。

わが社では毎年夏に、「家族手当」を渡しています。家族と一緒に旅行し、多くの思い出を残せるようにたくさんの話をし、家族写真をいっぱい撮ってきてほしいのです。

そういう時間を過ごすことで、愛すること、人を大事にする心を養ってほしい。それが本人の仕事にきっと生きてくるという思いで、家族手当を始めました。

「親孝行にしすぎはない」——このことをつねに心にとめてほしいです。

# 023 300件の電話をしても、そこに工夫がなければ成長はありません

「今日は何件、電話をかけたの？」と上司が部下に聞いています。部下は「300件です！」と、その件数の多さを自慢げに答えます。そこで上司が「で、アポは何件取れた？」と聞くと部下は悪びれもせず「３件です」と。このような営業の現場はけっこうあるのです。呆然としてしまうような上司と部下の会話です。

じつは私自身も電話のアポ取りは得意ではありませんでした。35歳で初めて電話アポをやったときなどは、何度も断られて、受話器を手に取ることすらイヤになってしまったものです。だからこそ、声のトーンや話すスピードを変えたり、トーク内容にバリエーションを持たせたりと、試行錯誤しました。

そういう工夫をしながら、電話アポでの自分の必勝パターンを磨いていったのです。するとそのうち面白いようにアポが取れるようになり、電話することがまったく苦にならなくなったのです。

そういう私から見ると、何の工夫もせずにただひたすら「300

件も電話をかけて平然としている社員」に疑問を感じてしまうのです。また、叱るだけで、その仕事ぶりを許している上司も甘すぎて無責任だと思います。

なぜ、そうなるのか？　理由は簡単です。彼らは「電話をかけること＝仕事」と思っているからです。電話をかけることが仕事のゴールなのですから、何の工夫もせずに淡々とかけ続けることを許してしまっているのでしょう。

しかし、本来の目的は「アポを取って、自社製品を売り込む機会を創出する」ことです。ですから「300件電話して３件のアポ」――つまりアポ取りの確率が１％では、決して胸を張れるような仕事とは言えません。

「下手な鉄砲も数撃ちゃ当たる」と言いますが、鉄砲を打つ技術が未熟なままでは、いくら撃っても当たりません。撃ちながら、狙いを調整したり、構えを変えたりと工夫するから、当たるようになるのです。

ほかの仕事も同じです。工夫を凝らして成功の確率を高めていく能力があるかないかが、できる社員とできない社員の分かれ道と言えるのではないでしょうか。

024

# 最初の5秒で自分を重要人物だと思わせる方法は?

訪問先の会社。玄関の自動ドアが開き、カウンターにいる受付の人と目が合った瞬間が営業の勝負です。それなのに受付の人の視線に耐えきれず、1歩進んではペコリペコリと米つきバッタのように頭を下げてカウンターまでたどり着く人は、もうすでに負け。なぜなら、受付の人はそういう人たちを重要人物とはみなさないからです。

私は仕事柄、何千という人の前で講演することがあります。正直言うと、今でも手足と唇が震えるほど緊張します。しかし、その緊張が相手に伝わらないよう、必死で努力しているのです。講演する本人がメロメロでは、いくら話の内容がよくても意味がありません。

ですから講演先の玄関をくぐった瞬間、自分自身に、「私はこの会社にとって有益な情報を持つ重要人物なんだ」と言い聞かせ、ペコペコせずに落ち着き払ってカウンターまで歩いていきます。例えるならファッションモデルの歩き方を見習う感じで一直線に受付まで足を進めると、受付の人は本能的に「この人は重要人物かもしれない」という第一印象を持ってくれます。

## 025 まずキーパーソンを探す。これができない人はどんな仕事も空回り！

過去にお付き合いのない会社にビジネスを持ちかけるときは、まず次の5つの情報を得る必要があります。

① 交渉すべき担当部署
② 担当者の名前
③ 担当者の役職
④ 担当者の直通電話番号
⑤ 相手先のリアルな情報

これは飛び込みの営業でも、新規プロジェクトの提案でも同じです。まず、これら5つの情報を足がかりにしない限り、次のステップには進めないのです。

ところが、これができていない人が多い。受付に「○○の件でまいりました。御社では○○についてご検討なさっていますか？」と尋ね、受付の人が首をかしげると、「ではこの資料をご担当者様にお渡しください」とパンフレットを押し付けて帰ってしまう。そんな人がけっこういます。

冷静に考えれば、受付の人に訪問の用件を話したところで、その真意が伝わるかどうかは非常に疑問。渡した資料は担当者の机に置かれるより、ごみ箱に直行する可能性のほうが高いと思うのですが、どうでしょうか。

# 026 電話をするときは顔に横ジワが走るほどの満面の笑顔で話したい

電話で直接伝わるのは声だけです。しかし、声を聞いていると、電話をかけている相手の態度まで不思議と伝わってきます。

たとえば相手が謝罪しているときなど、「この人は心からお辞儀をしながら謝っているな」「いや、なんだか椅子にふんぞり返りながら謝っているのでは」など、その声に態度がにじみ出て伝わってくるのです。

特に快い気持ちが伝わってくるのは、笑顔で電話をしている相手の声です。たとえ面識のない人でも、笑顔での声というのはわかるものです。またそういう声を聞くと、自分のほうまで心地よくなります。

ですから私は、電話では顔に横ジワができるくらいの満面の笑顔で話します。笑顔で声を出すと、声が高くなり明るく聞こえるのです。逆に眉間に縦ジワを寄せて電話している人は、意識的に横ジワを出すようにしてください。それだけで、相手に伝わる印象がよくなります。

# 027 相手の心を動かすキーワードを見つければ仕事はすんなり運ぶ

アポを取るのが下手な人というのは、「相手が興味を持ちそうな言葉」を見つけることが不得意な人だと思います。じつは営業に限らず仕事のセンスがいい人というのは、相手が興味を示しそうな言葉を見つける感覚に秀でています。

お客様であれ上司や部下であれ、相手をひきつける言葉を探し出すことができれば、それだけで周囲のモチベーションは上がり、仕事も〝回転力〟を増して、どんどん前進していくからです。

たとえば私は前職の営業で電話アポのときに、「成功事例などをまじえて、情報交換を兼ねたご挨拶をさせていただくことは可能ですか？」と、必ず言っていました。

この「成功事例をまじえて」というキーワードを相手に提示することで単なる売り込みではなく、会うに足る有用な情報を持っている人と思ってもらえたのです。

# 「言葉」は「心」をつくる。
# 028 前向きな言葉がやる気を生み出す

今までお会いした仕事のできる先輩やエグゼクティブのほとんどは、ネガティブな言葉を口にしない方々でした。ピンチに陥ったときも、「失ったものは仕方ない。残された財産で失地挽回していこう！」と言うように、ポジティブな発言をする方ばかりでした。

これは反省点ですが、過去の私はこういう場合、いつもマイナス思考にとらわれていました。「なんで私ばかりがこんな不幸な目にあうの？」という思いが胸を渦巻いて、そこから一歩も出られなくなっていたのです。

しかしあるとき、「よく考えてみたら、これは全部自分が選んだ人生。すべて自己責任なんだ」と思えたとたん、愚痴を言うことがバカらしく思えたのです。

愚痴や不平は心をすさませ、頭の中にマイナス思考を蔓延させます。ピンチのときこそ、あえて前向きな言葉を発してみる。それだけで心が一歩前進します。

# 029 社長のアポを取りたいなら朝の７時に電話をしてみなさい

一般論で言えば、社長ほど自分の会社のことを真剣に考えている人はいません。特に創業社長。自分が一から立ち上げたような会社の社長が抱く自社への愛情は、雇われているサラリーマンにはなかなか実感できないでしょう。

そこで社長本人に直接コンタクトを取りたければ、早朝の７～８時に相手の会社に電話をかけ、訪問してみることが有効なのです。なぜなら、社長が誰よりも一番に出社してくる会社が想像以上に多いからです。

社長の直通番号を知らないケースは多いですから、そんなときは相手の会社に、朝７時に電話をしてみるべきです。朝一番は、電話を取る社員がいないので、かなりの確率で社長本人が電話に出てこられます。

じつは私はこのパターンでなかなかつかまらない社長に何度もアポイントを取ることに成功し、それを大きな仕事に結び付けてきたのです。

030

# 世界中の人が驚く
# 日本人のサービスと気配り！
# お客様から愛されたければ
# このポイントは大切にする

ネットのニュースで読んだことですが、とても感心したので、思わずノートに書き留めました。それは日本のあるホテルでの対応です。日本に来た中国人観光客の話ですが、まさに「お客様は神様です」という日本流サービスの凄さです。

それは、ホテルの朝食でのこと。日本人の多くはご飯に生卵をかけて食べることには慣れていますし、それはご馳走の一つでもあります。ただ、中国の人にはその習慣はなく、ここに登場する中国人客も生卵は苦手で、食べずにそのまま残してしまったそうです。本題はここからです。

翌日の朝食。また、判で押したように卵が出てきました。周りを見渡すとみな、ご飯にかけておいしそうに食べています。その中国のお客様は「またか！」と思ったそうです。しかし卵に触ってびっくり。何とその卵が〝ゆで卵〟だったのです。

なぜ驚いたかと言うと、「私は生卵が好きではない」とホテル側には一言も伝えていなかったにもかかわらず、ゆでた卵が出てきたからです。たった1つの卵に関心を持ってサービスしてくれた、こんな日本のホテルの「魔法のようなサービス」に感動したというわけです。

031

# ビジネスパーソンは
# ＡＢＣＤの基本が
# できないと
# 認められない

「問いかけられたら気持ちよく、はいと言いましょう」
「背筋を伸ばして、堂々とまっすぐに立ちましょう」
「きれいなお辞儀をしましょう」

企業の営業研修でも、全員が社長という経営者相手のセミナーでも、私はこのような、幼い子供に親が一から諭すようなことを最初に教えます。

なぜならこのような当たり前のことすらできていない、あるいは忘れてしまっている人があまりに多いからです。

「ビジネスの極意は、ＡＢＣＤです。
Ａ　当たり前のことを
Ｂ　バカにしないで
Ｃ　ちゃんとやる。それが……
Ｄ　デキる人
　なのです」と――。

私がそう言うと、優秀な人ほど「大切な仕事の基本を忘れていました。気づきを与えてくださり、ありがとうございます」と素直に反省し、実行してくれるのです。

第3章

# 仕事のできる人は「何のために働くのか」を理解している

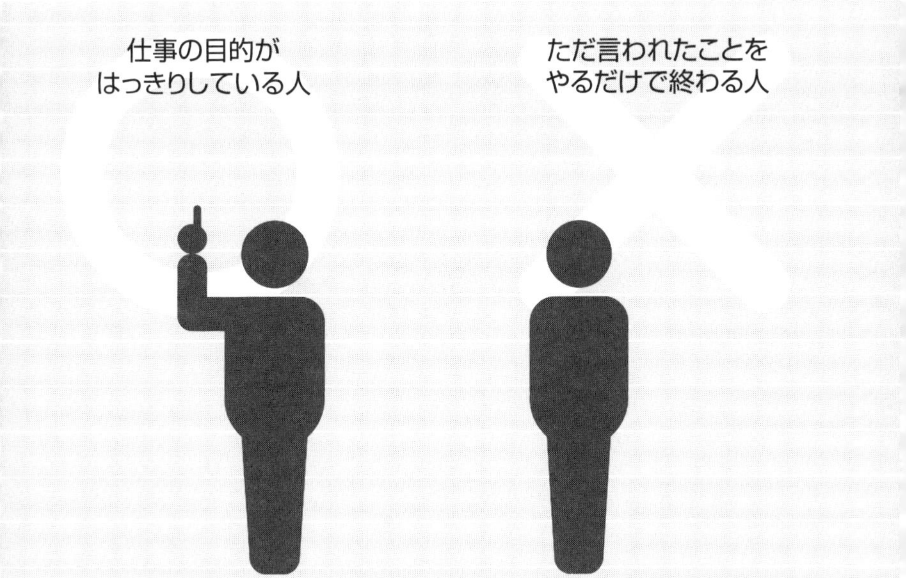
モチベーションは高いほどベター！

## 032 「雑用ばかり」と嘆いている人は、本気で仕事をしていない人

よく「雑用ばかりやらされて、重要な仕事を任せてもらえない」と嘆く人がいます。そういう人は、仕事に対しての考え方が少々甘いと言わざるを得ません。

なぜなら、その与えられた仕事を雑用にしてしまっているのは、不平を漏らしている本人だからです。

雑用と感じてしまうのは、その仕事に「目的」がないからです。つまり、「何のために」という仕事の目的を理解していないから、それがたんなる作業になり、やる気も失せて、雑な仕事＝雑用になってしまうのです。

たとえばコピー取り。何のためのコピーか、それがわからなければ、上司に聞けばいいのです。するとこれが大事な幹部会議の資料だとわかる。目的を知れば、今まで何も考えずに取っていたコピーを幹部の方々が見やすいように取るという工夫が生まれるのです。頼まれごとこそ、ためされごとなのです。ぜひ、丁寧な仕事を心がけたいものですね。

# 033 仕事の電話を早めに切る相手ほど、優秀で重要な人

仕事ができる人というのは、電話にあまり時間を使いません。「では、あとは直接お会いしたときにお話しします」と言って、早々に切り上げるのです。

電話は、こちらから一方的にかけて相手の時間を奪います。特に決裁権を持つキーパーソンは忙しいので、用件が済めばできるだけ早く切る。ですから、多少そっけなくても簡潔に用件を伝えたらそれで終わりにするのが正解なのです。

むしろ、長電話に付き合ってくれる人には要注意。要するに暇な人です。彼らが決裁権を持っていることはまれなので、長話は時間のムダでもあります。また、前に電話したときには親しげに話をさせてもらったのに、次にかけたときは妙に不愛想な人も、責任ある立場ではないケースがほとんど。以前の電話は周りに人がいないときの暇つぶしであった場合が多く、今はそばに上司がいるから、態度が変わっていると考えて間違いありません。

# 034 言葉一つで印象が変わる。ムダな言い訳よりもまっとうな弁解をしたい

「○○さん、あの仕事、もう出来上がっている？」と、頼んだ仕事の進捗状況を上司が問いただしたとき、「忘れました」と、いとも正直に答える人は問題です。
なぜなら、「忘れました」の後にくる言葉は決まって自己保身の言い訳でしかないからです。
しかし、「お客様の○○様から△△を優先してほしいとの依頼がありましたので」と答えれば、それは弁解になります。

弁解は相手の誤解を解くためにすることですから、黙っているよりはするべきことですし、相手に対する印象もそう悪くはないのです。
上司だって、自分が頼んだ仕事を一方的に「忘れられる」より、はるかに気分がいいことでしょう。とはいえ、私は言い訳も弁解も嫌いです。事実は事実、真摯に受け取めて改善したいものですね。

# 035 上司に「いつでもいいよ」と言われた内容ほど「すぐにやるべき」仕事

「その仕事、いつでもいいから」——これはよくある上司の口ぐせです。ただし、ここは要注意。「いつでもいい」と思って後回しにしていると、必ず「あれ、どうなっている？」と聞かれることが多いからです。

じつは「いつでもいい」と言う上司の言葉の真意は、「ほかにも仕事があるだろうから、合間を見てできるだけ早く上げてくれ」なのです。はっきり期限を切らないのは忙しい部下に対する少なからずの思いやりですが、早くこなしてほしいことに変わりはないのです。これは営業における「お客様」でも同じことです。

でもこう言われると、頼まれたほうはつい面倒が先に立って後回しにしてしまいがち。最悪、忘れてしまうこともあります。だからこそ、「いつでもいい」と言われた仕事こそ上手に時間管理をして、優先的に取りかかるべきなのです。

上司の「いつでもいい」は「すぐやれ！」であることを認識しましょう。

**036** **簡単なことですが、**
**とても大切なこと。**
**人から「ありがとう」と**
**言われるような**
**人間になれますか?**

私がレジスター会社で営業事務をしていたときです。任された仕事はデスク周りをきれいにし、みんなが出社してきたらお茶を出し、コピーを取ったり、書類をまとめたり――要するに一般的な事務仕事でした。

これらのルーチンの仕事をこなし、頼まれたことを全部片づけてもまだ昼の12時前。上の人からは「仕事がないならテレビを見ていても、編み物をしていてもかまわないよ」と言われるほど暇でした。

しかし、私が涼しいオフィスにいる間も、30度を超える炎天下の中を営業の人たちは走り回っているのかと思うと、のんびりしている気にはなれませんでした。

ですから、たいしたことはできなくても、彼らが帰社したときには「お疲れ様でした」と声をかけ、冷たい飲み物を用意し、契約の取れた人のデスクに「おめでとうございました」と小さなメモを置きました。また、営業マンに代わって、入力業務を代行したり……。

するとそんな私の気持ちが励みになったのか、私の部署の成績はどんどん上がり、「ありがとう。この躍進は君のおかげだよ」という言葉とともに表彰までされて。小さな仕事でも、真剣にやれば評価されることを知りました。

037

# 挨拶・返事・後始末……。人としての３つの基本をスランプのときこそ見直してほしい

小学校の教員をやっていたとき、私が子供たちのしつけで特に気をつけていたのは次の３つです。

①挨拶の励行
②返事の徹底
③後始末の習慣

ところが社会人になっても、この３つの生きる基本がキチンとできていない人は意外に多いのです。新人の頃は意識して心がけていても５年、10年勤めているうちに、当たり前のことだけに、ついおろそかにしたり忘れてしまうのでしょう。

じつは生きる基本と同時に、これら３つは仕事においての基本中の基本なのです。①元気な挨拶は職場を明るくし、自分だけでなく「周囲のモチベーション」も高めます。②はっきりした、よく声が通る返事によって「命令の伝達」が徹底されます。③後始末を習慣づけ、物事を再度見直すことによって無用なミスは減り、たとえ失敗しても被害は最小で済みます。

「いつもと同じようにやっているのに、仕事がうまくいかない」と感じたときは、まずこれら３つの基本をもう一度徹底することで、風向きが良好になります。

# 038 自分が「いい情報」を持っていると信じる。それが商談成功の第一歩

　電話での営業がうまくいかない社員や飛び込み営業が苦手な人には共通の弱点があります。それは相手に対して萎縮してしまっている点。最初から腰が引けていて、その自信のなさが相手に伝わり、余計にアポイントが取れなくなる。そういう悪循環に陥っているのです。

　ではなぜ自信がないのか？

　それは自分に、「相手にとっていい情報を持っている」という確信がないからです。自分と会うことが相手の利益になると、心の底から思っていないからなのです。

　逆に、成績のいい営業担当者は最初から、「必ず相手に何かしらの利益を与えたい」という強い意識を持っています。これは社内で上司に対して萎縮している人も原因は同じです。「上司に利益を与えたい」「上司のためになりたい」という気持ちを強く持つことで、そこに信頼感が生まれるのです。

# 039 アポイントは「あえて一度、断る」という心理作戦で！

「自分の価値を高め、自分を高額商品にする」ことは正解だと思います。なぜなら、「私は売れない営業担当者」という看板を首から下げている人からは買いたくないのが本音ですから。同じ商品ならば誠実で信頼できる人、安心できる人から買いたい。お客様もそんな人から買うほうが気持ちのいいものです。

ですから、売れない人は自分の持つ「売れない人臭さ」を排除してください。たとえば電話でのアポ取り。お会いする日取りを決める段になって、「では、今すぐ伺いましょうか」と言ってしまうと、それだけで「成績の悪い営業担当」と思われかねません。売れる営業パーソンならば、少し先までの予定がつまっているはずです。むしろここでは一歩引き、相手が「今日はどうですか」と言ってきたとしても、「今日のアポはつまっておりまして。明日、御社の近くで予定がございます。○時ごろにお時間を頂けますか」と、言い方を少し工夫してお伝えします。この場面で焦るばかりに、自分で自分を安売りする必要はないのです。

# 040 「今は間に合っている」と答えるお客様こそ、すぐに会いに行きたい人

電話でのアポイントの段階で断られることを恐れる人は、決して成績を上げることはできません。なぜなら、電話をかけてすぐに「いいよ、必要ない。間に合っているから」と答える相手こそ、決裁権を持つキーパーソンの可能性が高いからです。

こういう断り方をする相手には、「1回だけチャンスをください！」と食い下がるべきです。「1度会って2度と会いたくないとおっしゃるなら、今後しつこく追いかけることはいたしません」と宣言するのです。

彼らはどんな営業マンに対しても「間に合っている」と即答します。だから多くの営業マンは、彼らの強い言葉にひるんで撤退します。そこでもうひと押しして面談することができれば、ビジネスチャンスの確率はグンと上がります。

私の実感ですが、電話での印象が冷たい人ほど、熱意を見せて面会にこぎつけるべき相手だと思います。

# 041 「お金のために働く」そう断言できる人こそじつはプロの仕事人！

社員は「会社の利益」のために働くことによって、その代価としてお給料をもらいます。ですから当然のごとく、多くの利益をもたらした人がより多くの収入を得るのは当たり前のことです。

ところが案外、その当たり前のことに気づいている人は少ないようです。

というのも多くの人は、自分がどれだけの利益を会社にもたらしているかを知らずに、もっと給料を上げてほしいと思っています。給料分すら働いていないのに「仕事にやりがいを感じられない」「もっと上司に認められたい」などと悩む人もいます。

そういう人は、一度自分の仕事がどれだけ会社に貢献しているかを金銭に換算してほしいと思います。

よく給料の３倍の売り上げを上げよ！といわれますが、自分の今の働きを知ることで、仕事に対する考え方は一変するものです。

# 042 重要な商談ほど最初の名刺交換で決まる確率が高い！

日本国内で年間100億枚印刷されているといわれる名刺。しかし、スマートに名刺交換できる人にはなかなかめぐり合えません。研修で何度もマナーを叩き込まれたはずの一流企業の人でさえ、「どん臭い」名刺交換しかできない人がほとんどです。

名刺交換を「どん臭く」してしまう一番の要因は、ペコペコと何度も頭を下げてしまう光景にあります。

①事前に名刺入れの間に名刺を挟んでおき、名刺入れの背のほうを相手に向ける。
②「はじめまして」と挨拶して、まずは一礼。
③「私、○○会社の△▽と申します」と相手の目を見ながら社名と名前をフルネームで名乗り、挟んでおいた名刺を名刺入れの前に取り出す。「どうぞよろしくお願いします」とこのとき、初めて、お客様の手元に届くかどうかを確認するために自分の名刺に視線を向ける。
④会釈程度に頭を下げ、名刺を見て、相手が取りやすいように差し出す。

この4ステップだけで、名刺交換が洗練され、相手に「この人はできる人だ」という印象を与えるのです。こうして自分を重要人物だと思わせれば、その後の商談でも意見が通りやすく、スムーズに話が進みます。

# 043 マナーや服装で困ったら、「損」か「得」かで判断しなさい

男性の場合、服装はほとんどの人がスーツにネクタイ。個性は演出できませんが、これは誰もがきちんとした人物に見える魔法の服でもあります。

ところが最近、茶髪どころか長髪で金髪の若いビジネスマンを見かけます。芸能人などであれば別ですが、普通の組織に属している立場でそのような格好をしていたら、損だと思います。

金髪の青年と清潔な印象の青年が同じ商品を売りに来たら、どちらを選びますか？　人の印象によって商品の価値も変わって見えるかもしれません。購入した後のフォローや安心感も違うことでしょう。

ビジネスにおける服装やマナーは好きか嫌いか、似合うか似合わないかはまったく関係ありません。迷ったら、仕事に適しているかどうか、「損か得か」で判断すればいいのです。

女性の場合、多くは、服装は自由です。そういうときは、「相手にどういう印象を与えるのが得なのか」という印象重視で服装を決めれば間違いありません。

# 044 組織のフットワークをよくしたいのなら自分が最初に動く！

高い塀の上に３匹の猫がいます。そのうちの２匹は勇気を出して「よし、飛び降りるぞ」と決めました。さて、今、塀の上に残っている猫は何匹でしょう？

こんな問題を話の合間にすると、お客様は一様に１匹と答えます。でも正解は３匹。なぜなら２匹は心に決めただけで、まだ飛び降りていません。つまり、言うだけ、心に思っているだけで実際には行動していないのです。

フットワークがいい人というのは「決断力」に優れているのではなく、実行する力のある人です。頭の中で何度も試行錯誤しても、「やるぞ！」と心に決めているだけで実行に移さなければ、何ひとつ結果は生まれません。

あなたの部下が２匹の猫のようにフットワークの悪い人だったら、黙って見ているのではなく、あなたがまず、飛び降りる。率先垂範、見本を見せるこが大切です。

045

# 面談後に相手が「ちょっと得した気分」になれば、その営業は成功したといえます！

営業でも初出社でも、最初の出会いの段階は本当に大事です。そのとき、短時間で行うべきことは「ラポールの構築」です。ラポールとはフランス語で「信頼と親愛の絆」という意味で、お互いの心が開いたコミュニケーションを行える状態を示す心理用語です。要するに出会ってすぐに相手に共感・信頼されることこそ、交渉や商談をスムーズに進めるための第一歩なのです。

では、具体的にラポールを構築する極意とは？　私の主催する「トップセールスレディ育成塾」の塾生たちに聞いてみると、
「感謝、愛、相手の長所を見つける、思いやり、相手を知って好きになる、自分を先にさらけ出す、相手との共通点を見つける」
といった答えが集まりました。どれも正解です。

でも、私が特に心がけているラポール構築の秘訣は、「面談が終わったとき、相手がちょっと得した気分になる何かを提供すること」です。

お客様のお役に立ちたいという強い気持ちが、結局はラポールを築く上で一番役に立つと感じています。会話の主導権は自分が握っても、主役はつねにお客様という意識で接することです。

046

# マンネリを打破するには新しい血を入れなさい

大きな水槽に魚のカマスを数匹入れて一定時間ごとに餌を与えると、そのたびにカマスはものすごい勢いで餌を取り合います。ところが餌の投入口に透明のガラスの仕切り板を入れると、最初のうちは餌を入れるごとにガラス板にぶつかりますが、次第に餌を取りに行っても仕切りのせいで食べることができないとわかり、ガラス板を外して餌を入れても、もう食べに行こうとしません。

では、そのカマスに、もう一度餌を食べさせるにはどうすればいいのでしょうか？

正解は別のカマスを入れればいいのです。

新しいカマスには先入観がありませんから、どんどん餌を食べる。それを見て元からいるカマスも「何だぁ、食べられるんだ」と気づくわけです。

これはたとえ話ですが、水槽のカマスたちはマンネリぎみの組織の象徴といえます。会社に新人が入ったとき、早く組織の色に染めてしまおうと考えるのではなく、一度は「自由にさせておく」ことも大切なのです。カマスの例のごとく、新しく入った血液が古い組織を活性化してくれます。最近はグローバル化が進み、古い体質の日本企業に突然、外国人社長というケースも見られるようになりました。そんなカンフル剤が今の日本企業には必要だと感じます。

## 047 まずかったビールはつまらなかった仕事と同じようなもの

子供の頃によく、こっそりとビールを口にして「なんてにがくてまずいんだろう」と思いました。ところが飲めるようになると、飲めない日が物足りなく感じます。

飲めないうちは、ビールが苦痛です。苦味ばかりでいいところが一つもない。しかし、不思議なもので慣れてくると、その苦味が好きになる、クセになる――これは仕事も同じではないでしょうか。

苦痛ばかり、苦味ばかりの仕事なのに、日々、我慢を重ねてトライしていくうちにやりがいや面白みがわかってくるのです。語学の学習もあきらめずに続けていくうちに、まったく聞き取れずに苦痛だった会話がある日突然、理解できるようになると言います。

最初から面白い仕事なんてない。仕事が面白かったら、お給料はもらえません。私はよく若手社員に、この「ビールの話」をして勇気づけています。

# 048 部下を根底から変えるつもりで厳しいことを言いなさい

営業セミナーの講師をするとき、私は受講生に対して「この研修中はみなさんは私の大切な部下。大事な部下がお客様の前でどんな姿勢・態度で接しているか。上司であったら気になるのは当たり前……」と宣言し、次のようにストレートな指摘もします。

「私はあなたのような人が入社試験に来ても、絶対に雇いません」「あなたのようにふてくされる人は、誰からも愛されませんよ」「そんないい加減な仕事で、お給料をくれる今の会社に感謝してください」などなど。

かなり厳しい言葉です。でも、私はこのように経営者や上司が言いにくいセリフをあえて言います。特に相手が女性の場合、厳しく注意をするとセクハラだパワハラだと騒がれるご時世ですが、言い方の差はあっても、上司ならこのような本音は伝えるべきだと思います。心の底から部下のことを思って、遠慮せずにビシッと言うべきです。なぜなら部下の成長のためには、自分のいたらない点を面と向かって教えてくれる人が必要だからです。

# 049 小さなミスをやさしく見守る上司はかなり悪い上役です！

仕事の世界においては、「遠慮」「躊躇《ちゅうちょ》」「奥ゆかしさ」は美徳ではありません。部下に小さなミスがあっても、１度くらいは見逃してあげようという情けは無用。しっかりそのミスを指摘して、２度と過ちを起こさないように指導するべきです。

会社の信用や信頼を積み上げるのは容易なことではありませんが、それが崩れるのは一瞬です。しかも小さなミスを放置したことが原因である場合がほとんどです。

ですから「こんな小さなミスくらい」と言って目をつむっていると、やがてそれが大きなミスに発展し、取り返しがつかなくなるのです。

小さなミスを見逃すのは、上司の「妥協」「怠惰」「無責任」によるものです。これらを放置している組織は、自らの怠慢から会社を崩壊させてしまう危険性があります。

# 050 「あなたから買いたい」営業の究極目標はこのひと言に尽きる！

経営の神様といわれた松下幸之助さんがある外国企業の経営者に、「ビジネスマンにとって、一番大切なことは何ですか？」と問われたとき、「みんなに愛されることですね」と答えた後に続けて、「あの人がやってはるのならいいな、だから物を買うてあげよう。こうならないとアカンですよ」と話したそうです。

これは名言です。特に営業の場合、究極的な目標は、

「あそこは別格」「あの人から買いたい」。さらには、「あの人がいないなら、今日は買うのをやめておく」

と言われること。これは最高の賛辞です。

お客様にこのように思われたら、成熟市場でも、ネット市場がライバルでも安泰。過度なサービスや無理に価格を下げたりせずとも売れるからです。

# 051 「なんで運が悪いのか！」そう思っている人ほど運気が上がらない

読者のみなさんに質問です。
「あなたは運がいいほうですか？」
松下幸之助さんは必ず採用面接で、このように質問したそうですが、そのとき「私は運がいいです」と明確に答えない学生を採用しなかったそうです。

それは私も当然だと思います。じつは「自分は運が悪い」と思っている人には、２つの面で不安があるからです。その１つは「運が悪いと思っている人」ほど努力しない点です。さらには自分の置かれた境遇を運だけではなく、上司や会社、ひいては顧客のせいにしがちです。
２つ目のマイナス点は、失敗を「運のせいにしてしまう人」には進歩が期待できないからです。そうではなくて反対に、正しく受け取め、その失敗から何かを学び取れる人にこそ、「運」が舞い降りてくるのです。

# 052 自ら考え、自ら行動できる社員がほしい

講演や研修で幾人もの経営トップとお話しする機会があります。そんなとき、多くの方が「自ら考え、自ら行動するような社員がほしい」と漏らします。そして必ず、こう続けるのです。「でも、そういう社員は1割もいないし、いても結果を出して独立してしまう」と——。

私の行きつけの鉄板焼屋さんにとてもよく働き、気が利く若い従業員がいるので、「どうしてそんなに一生懸命にやっているの？」と聞いてみました。すると彼は、「この店で修業を積んで、いずれ自分の店を持ちたいからです。ここで仕事を覚えたいのです」とはっきりとした口調で答えてくれました。

彼は今オーナーの立場で考えながら、修業に励んでいます。つまり、自分がお給料を払う経営者意識で仕事をしているのです。たとえ独立しなくても、そういう気持ちで仕事に向かうことが大切と感じました。

053

# 「できるようになる」
# 「立派に成長する」
# そこまで指導するのが
# 上司の役目です

私は大学を出た後、小学校の教員になりました。そこでわかった大切なこと——それは「本来、落ちこぼれはいないものだ」ということです。

もちろん、子供によって飲み込みが早い遅いという差はあります。しかし、授業時間は45分で終わり。あと15分、30分あれば理解できる子もいるのに、理解できぬまま授業が前に進んでしまうのです。すると、飲み込みの遅い子はますます理解できずに、やがて勉強嫌いになってしまうのです。

落ちこぼれを生む理由は子供側にあるのではなく、教える側にあると気づいた私は「絶対に落ちこぼれを作らない」と心に強く決めました。授業がわからない子は放課後に教える。それでもわからなければ家庭訪問する。通勤時間が長かった私は、週に4日は学校に寝泊まりし、家庭訪問を続けました。

その結果、やがて子供たちは、全員100点を取るまでに成長したのです。

これは社員教育でも同じで、本来一人前になれるはずの部下を指導せずに放っておくことは無責任なことなのです。上司の横着、怠慢と言わざるを得ません。

第4章

# 好かれる人、嫌われる人。魅力のある人、話題にならない人。ここが大きく違います

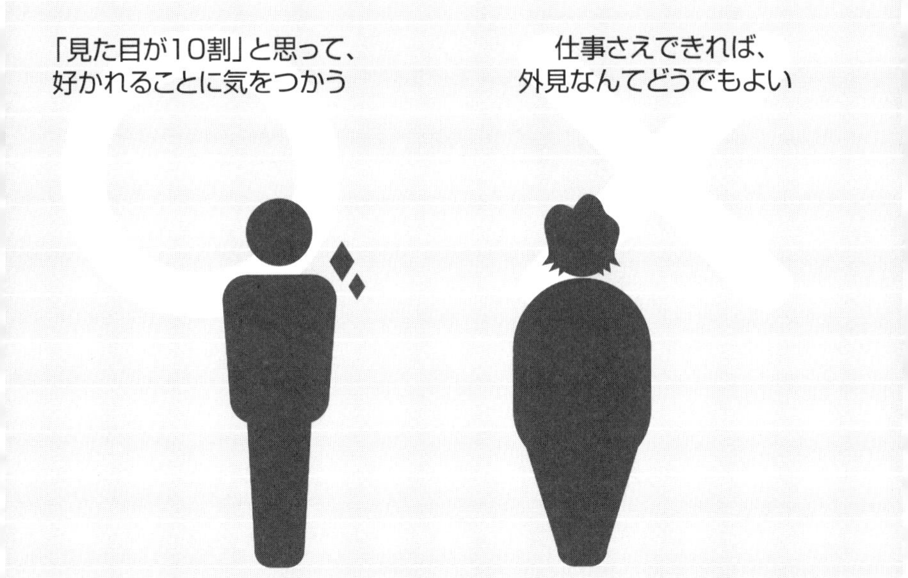
「見た目が10割」と思って、好かれることに気をつかう
仕事さえできれば、外見なんてどうでもよい

**嫌われないために外見・マナーは重大な要素！**

054

# 目にはっきりと見えるような
# 絵に描けるような
# 具体的な夢を持つ人が
# その願望を実現させる

夢のない人の人生は悲しいものです。夢のない人には目標がなく、目標のない人には計画がない。計画のない人は行動ができず、行動なしには結果が出るはずもなく、結果のない人は自信を持てない。自分に自信を持てない人は夢も持てません。それは……虚しい人生です。

夢があれば、まず明確な目標が生まれます。それは、計画し行動し結果を出す原動力となります。一歩一歩実現に近づいていく実感があるから、自信がつき、その自信が自分自身を輝かせ、夢の実現を助けてくれます。

シンガーソングライターのアンジェラ・アキさんは、2003年、椎名林檎さんの武道館ライブを見て「私は3年後に必ず、この舞台に立つ」と決意し、2006年に武道館史上初の単独ピアノ弾き語りライブを成功させました。私も35歳のとき、中途採用で入社した前職で「3年でトップセールスになる」と公言し、実現させました。

アンジェラ・アキさんと自分を同列に並べるのは面映ゆいですが、私も彼女も夢を持つことで、その夢から逆算して「今、何をしなければならないか」がハッキリと見えたのです。だからこそ頑張れたのです。

# 055 部下の成長のために、時にはギリギリまで負荷をかけてほしい

部下からの行動報告を聞いて疑問に感じたことがありました。「新規見込み客がなかなか増えない」と言うのですが、面談件数は月に30～40件。50を超えれば周囲から「○○ちゃん、すごいね」の声が出るのです。

しかし私が営業職だった頃は、日に最低４～５件は面談していました。月にすれば100件は軽く超えていたはずです。自分が実際やってきて、やる気があれば誰でも可能なことを部下に求めてこなかった自分を恥じました。

そして2011年の１月31日、部下全員に「来月は100件の面談を何が何でも達成してください」と命じました。

私の命令に青い顔をしていた人たちもみな、100件のノルマを達成。それ以後は見違えるように仕事力が上がりました。実際、この年の３月11日、震災があった影響で研修の延期が続出し、仕事ができない状態だったにもかかわらず、前年よりも売り上げが上がったのです。

これ以上引っ張ったら切れる、というほどの負荷をかけて初めて、人は自分のキャパを知るのです。また、時には自分の限界を超えたハードワークに挑戦することで工夫も生まれ、結果も出るのです。

# 056 心からの「気づき」と、褒め言葉があれば社員は辞めない

　この本でも、何度か厳しい言葉を書いている私ですが、部下にも同じような態度で接しています。そんな私の性格を知っている人からは「朝倉さんはかなり社員に厳しいけど、みな辞めないのですか？」と聞かれます。
「１人も辞めません」とお答えしたいところですが、現実にはわが社の社風や指導が合わずに去っていく人もいます。早い人では２週間という社員もいました。しかし、１年間続いた人は、ほとんど残っています。
　知人から「どうして社員が辞めないのか」と聞かれたときに、そこに同席していた部下が言いました。
「私たちは社長の朝倉から『言葉の報酬』をたくさんもらっています。仕事は厳しいですが、小さな当たり前のことができたときなど、見逃さずに褒めてくれる。それがうれしいのです」と。その部下の言葉こそ、私にとって何よりもうれしい「言葉の報酬」でした。

# 057 嫌われるより、好かれるほうが絶対、得に決まっている！

「人間は見た目じゃない。中身だ」と言って、外見に気を遣わない人がいます。こういう考え方は絶対に損だと思うのです。なぜなら、人は見た目で快・不快を感じ、そこから人のよし悪しや好き嫌いまで判断するからです。

子供の頃、家で商売をしていた両親から「挨拶しすぎて怒る人はいない。人に挨拶されてから返すのではなく、自分から進んで挨拶しなさい」と厳しくしつけられました。

当時は意味もわからず、叱られないためにやっていたことですが、周りの大人たちがいつも褒めてくれました。「礼儀正しい挨拶は、相手を喜ばせる」と、私はこのとき、子供心にも理解したのでしょう。

礼儀や身だしなみは生き方の基本であり、相手への敬意と尊敬の念を表すものです。特に初対面では「見た目は10割！」と考えて間違いありません。

058

# 苦しいときほど
# 大きな声を出してみて！
# 心は後からついてきます

総勢200人のガテン系の親方さんを前に講演したときの話。筋骨隆々の彼らの態度から、仕方なくここに集まっているのが見て取れました。みな腕組み、足組みという態度で「たりーな」「何しろっていうんだよ、まったく」といった声さえ聞こえてきそうな雰囲気です。

そこで私はいつものように、「私が『起立！』と言ったら『はい！』と返事して立ち、『着席！』と言ったら『はい！』と言って着席してください。全員揃うまで、何秒かかるでしょう？」と言って、「全員、起立！」と叫びました。

最初のうちは面倒がって、小声で「はい」と答えていた親方たちも「声が小さい。２倍の声で！」「まだまだ小さい。今度は５倍の声で！」と、私があおるたびに真剣さを増していきました。

そして10倍の声を出したあとで、「モチベーションが上がった人はご起立ください！」と、親方さんたちに尋ねると、彼ら全員がバッと立ち上がりました。

気分が落ち込んでいるときこそ、大きな返事を心がけて。まず行動を元気にすれば、心は後からついてくるものです。

## 059 無理してやっている笑顔やマナーもやがて身について本物になる

心がものすごく冷たい人でも、美しい所作と最高の笑顔を作っているうちに、心の温かいやさしい人に変わっていくと私は信じています。

いつもそんな笑顔と美しいマナーでお客様と接していれば、やがて「私のこんな行動でお客様が喜び、感動してくれる」と気づくことができます。

そういう成功体験を重ねていくうちに、無意識の本能が目覚めて、「こっちの行動が絶対に得ですよ」と、自分自身に教えてくれるのです。この瞬間、作り物だった笑顔が本物に、義務でしていたマナーが身についた所作となるのです。

しかし、冷たい心のまま、笑顔もマナーもない人には、この「気づき体験」は訪れません。それではこの先、お客様に感動されることも、お客様から感謝されることもありえません。

# 060 礼儀正しき人になれば、世界中、どこでも愛されます

礼儀正しさを身につけなさい。

礼儀正しさを身につければ、敵を作りません。

礼儀をわきまえた振る舞いができる人は嫌われないから、世界中の人から愛されます。

礼儀をわきまえるということ
――それは、「生きる力を身につける」ということなのです。

## 061 付け焼刃の礼儀では意味がない。そこは徹底的に学んで！

先日、社員を厳しく叱りました。その理由はこうです。わが社では、お客様がお見えになると、全員で立ち上がって「いらっしゃいませ！」と満面の笑みでお迎えします。

ところがこの日はお客様ではなく、ある業者の方が来られました。すると、誰一人として立ち上がろうとせず、挨拶の声もなかったのです。

私はこのことを非常に危惧しました。だから叱ったのです。なぜなら、人によって態度を変える人は、必ずいつか逆のことをしかねないからです。

たとえば「ありがとうございました」と感謝の念を伝えながらも、ふと侮蔑の表情を見せてしまったらどうでしょうか。心が少しでも曇っていたら、そしてそのことに気づかずにいたら……知らずのうちに、多くの人にマイナスの印象を与えてしまうのです。

# 仕事、言動、行動……。 062 つねに本物で あろうとしてほしい

現代はインターネットの時代です。ネット上に公開された私たちの気持ちや行動の記録は、好むと好まざるとにかかわらず、全部残ってしまいます。その場限りの行動や、苦し紛《まぎ》れのウソ、身の程知らずの見栄や大風呂敷などがすべて明らかになってしまいます。

恐ろしい時代なのかもしれません。しかし、私は「だからこそ面白い！」と思っています。なぜなら、こんな時代は「本物」しか残らない時代だからです。

このような時代だからこそ、自分は本物でありたいし、本物を残したいと強く思います。その思いを実現するためには、つねに本物の発言、本物の行動、本物の考え方が求められるでしょう。

つまり、今の時代はウソや偽りを捨て、つねに胸を張って行動しなければ生き残れない世の中なのです。恐れるどころか、ものすごくフェアな時代でもあるのです。

# 063 うれしかったら お礼は二度言う！ 喜び上手は喜ばせ上手

ご馳走していただいたときは「ご馳走様でした」と言い、何かを頂戴したときは「ありがとうございます」とお礼の言葉を述べます。それは当たり前のこと。大事なのは、その後日です。「先日はご馳走様でした」「素晴らしいものをいただき、感謝しております」と言えるかどうかなのです。

じつはご馳走やプレゼントをする側は「本当に美味しかっただろうか」「あの品物、お気に召しただろうか」が気になっているのです。

これは私が学んだことですが、社会的地位が高い人ほど、この後日の「二度目のお礼」を忘れず、大切にされているように感じます。しかし若い人たちは、この二度目のお礼にまで気が回りません。でも、喜びの表現はオーバーなくらいでちょうどいいと思います。「喜び上手こそ、喜ばせ上手」だということを覚えておいてください。

# 064 部下に答えを教える前に、まずは自分で考えさせる

私は「部下に適切な仕事を与え、仕事の何たるかを教えて能力向上に努めることは、上司の礼儀だ」と常々考えています。

だから、仕事を与えた後に褒めもしなければ注意もしないような上司は無礼千万。無関心というのは上司の横着、職務怠慢、手抜きといえます。

こう言う私も、経営者になる前は、これができていませんでした。今思えば、指導者ではなく、「頼りになる、みんなの憧れのお姉さん」になりたかったに過ぎなかったようです。

部下から問題発生の報告を受けたときなどは、「こうしたほうがいいよ」とやさしく対処法を伝え、叱ることもなく手とり足とり教える人でした。

しかし、このやさしさは「部下が自分で考え、自分で答えを出す」機会を奪っている行為なのです。これでは、いつまでたっても部下の能力は伸びないことを自らの体験を経て気づいたのです。

# 065 逃げたいと思うときほど立ち向かう。そのほうが未来が開けるから

もともと臆病者の私は、お客様からの厳しい要望やクレームの対処が嫌いでした。怖くてやりたくない仕事だからです。

でもここで「私が逃げたら、部下はどう思うか」と考えたとき、立ち向かうしか突破口のない責任ある自分の立場に気づくのです。

やるべきことをやらなかったり、ごまかしたり、仕事欲しさに媚びたりしている私の姿を見て、部下は尊敬してくれるでしょうか。いいえ、それはありえません。だから私は、逃げたいときほど逃げずに立ち向かっていきました。

すると、不思議なことに、お客様との信頼関係もより強固なものになったのです。一度逃げると逃げ癖がつきます。目の前に壁が現れたとき、遠回りしようとして逃げたところで、後ろにも壁はあるのです。だったら目の前の壁を登ってしまったほうが、時間と労力は少なくて済むのです。

# 066 「任せる」と言ったら「ほったらかし」にせずに最後の責任は取る

「君に任せた」と言った瞬間に、その仕事が完全に自分の手から離れ、責任が部下に移ったと考える上司は多い。

しかし、それは大きな間違いです。「任せる」という言葉は「最後の責任は自分が取る」と腹を決めてこそ、出る言葉なのです。

よく企業が不祥事を起こした記者会見で「すべて任せていた。自分は知らなかった」と言い逃れをする責任者を目にします。

彼らは「知らなかった」と主張することで、法律的には無罪になるかもしれません。しかし、上に立つものとして、部下のやったことを「知らなかった（……だから、私に責任はありません）」と言った時点で管理職失格です。部下に任せた以上、たとえ知らなかったにせよ、知っていたにせよ、責任は上司にあると心すべきです。

067

# 上司を批判する前に目の前の仕事に全力で取り組む人になってほしい

頼りになる上司、いざというときに逃げる上司、物わかりのいい上司、愚痴の多い上司、決断力のある上司、優柔不断な上司、年下の上司……。会社にはいろいろな人がいますが、あなたに上司がいることはとてもラッキーなことです。優秀な上司であれば、あなたの名コーチになってくれます。使えないと思う上司もじつは反面教師になってくれるのです。

ここで注意したいことは、上司は自分で選べないだけに不満や愚痴の対象になりやすいという点です。じつは上司をどうとらえるかによって、出世が決まることも多いのです。

上司が嫌いだからというだけで、後ろ向きな気持ちのまま毎日を過ごす人を見かけますが、こんな人は当然進歩もしないし、自分自身の成長を妨げることになります。

上司の性格や考え方がどうであれ、するべき仕事は目の前にあります。それらに実直に取り組んでいれば、きっと誰かがあなたの頑張りを見ていてくれるはずです。

第5章

# 逆境。大ピンチ。どう考えるかでその後の運が開けます

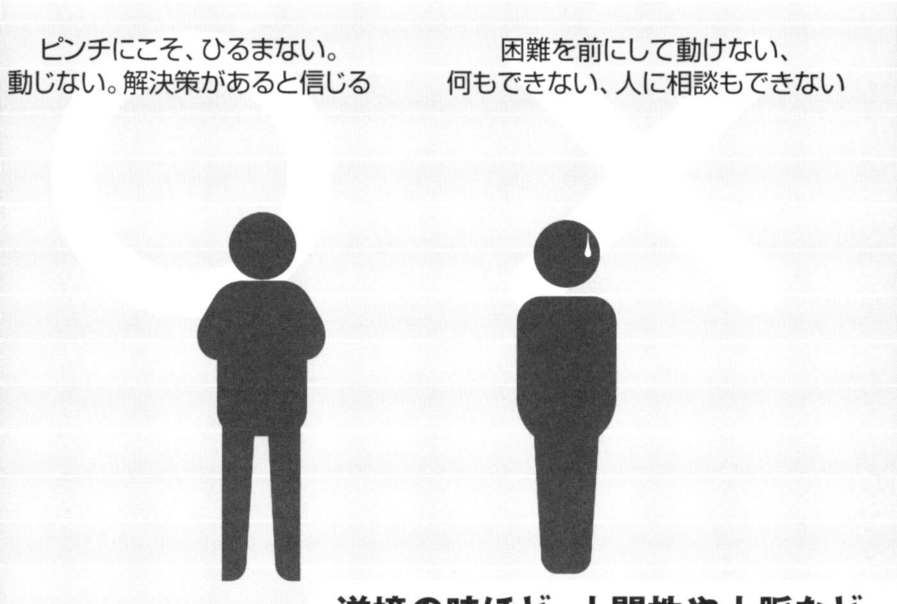
ピンチにこそ、ひるまない。
動じない。解決策があると信じる
困難を前にして動けない、
何もできない、人に相談もできない

**逆境の時ほど、人間性や人脈など、**
**日頃の生き方が問われる!**

しんどい時……上り坂
楽な時……………下り坂

068 困難や苦境に直面したら
自分が大きく成長できると
考えてみよう

かれこれ20年の習慣になりますが、私は成功した方々の名言を書き留めた「朝倉式・名言ノート」を作っています。

ここに書いた言葉もその中の一つで、ある創業社長様とのお食事会でうかがったものです。

とても勇気づけられた言葉で、つらいとき苦しいときに、必ず頭の中に浮かぶひと言です。

じつはこの言葉は大変、思い出のある言葉で、当時の私は大スランプに陥っているときだったのです。お食事会の席ではお酒が入っていたせいでしょうか、少なからず愚痴をこぼしたのだと思います。

「一生懸命やっているのに、結果が出ません。世の中、こう不景気ではうまく行きませんよね」などと、社長さんの前で話したのでしょう。そのとき、社長さんが言われたのがこの言葉だったのです。そして、仕事で成果・結果が出ないときこそ「楽な道ではなく、つらい道、上り坂を歩きなさいよ。きついと思う道のほうがあなたを成長させてくれますよ」と……。

その後は、２つの道があればあえて厳しい道を歩く覚悟で精進しています。

## 069 嫌われることを覚悟して！厳しい上司ほど最後は感謝されます

私が平社員時代から、一人で起業して社長となるまでの過程の中で、一番変わっていったことは、〝上司に対する評価〟かもしれません。

というのも、私をここまで育ててくれたのは「口うるさくて厳しくて嫌な上司がいたからこそ」という実感があるからです。

誰でもそうでしょうが、上司から注意や指摘を受けると本当に腹立たしくなります。ところが立場が逆転して自分に肩書がついて部下を指導する立場になると、その注意や指摘は当たり前のものとなります。私も部下には厳しい態度で接しなければいけないと、「鬼上司」に徹することを心に誓ったものです。

やさしい上司は、しょせん「いい人だった」という思い出だけです。ところが「鬼上司」から教わったことは、今でもしっかりと身についているからです。

# 070 量は質を生む。そして、質は量を生む

どんなことでも覚えるためには、まず量をこなすこと。勉強もスポーツも仕事も、単純な基礎をくり返すことで次第に上達していきます。営業ならまずは「訪問件数」でトップを目指すくらいに頑張ることです。

そして量を経験するに従い、技術が身につき、ムダなくできるコツがつかめてくる。またミスやエラーが起きそうな箇所も予測でき、仕事の精度や質が高まります。

質が高まると仕事にかける時間が短縮されて時間ができるので、さらに新たな仕事に挑戦する余裕が生まれます。ここができる人できない人の大きな差になるのです。

これは正攻法であり実直な方法ですが、仕事上手になっていくには、このやり方が唯一無二の正しい方法と信じています。特に伸び悩んでいる人は「質」よりも「量」を重視して、仕事にまい進してください。

## 071 悩むと行動が止まる。トライとチャレンジだけが前進する力になる

35歳のとき、私は株の失敗で抱えた大きな借金を返済するため、３つの仕事をかけもちしていました。朝８時から夜８時までは会社員。９時から０時までは居酒屋でアルバイト。そして土日は投資クラブの運営。希望に燃えて働いていたわけではありません。ただただ借金の返済のために——。

そのアルバイト先の居酒屋の店長がとにかく明るく元気に仕事をしていたので質問したことがあります。「店長！　水商売に向き不向きってあるのですか？」と。

すると「向き不向きより、前向きよ。仕事にいい仕事も悪い仕事もないの。向いているかどうかを考える前に、前向きにチャレンジする。そうすれば、最初は素人でも必ず上達するから」という答え。あきらめずに前向きに行動することが「仕事を楽しくする方法」ということを教わった瞬間でした。

大切なのは「向いているか、向いていないか」ではなく、与えられた課題や仕事を「前向きにやるか、やらないか」。そしてそれを１日たりとも、あきらめずにやり続ければ、結果は後からついてくると悟ったのです。

072

# できない人ほどスキルアップの必要性に気づいていない。「エステの法則」とは？

有名なエステサロンの経営者がこんなことをつぶやいていました。「通う必要のない人が通い、反対に『行くべきでしょ』と言いたくなるような人が『エステなんて必要ない』って言う。これが私の商売よ」と。

私はこれと同じことを、以前いた社員教育会社で経験しています。つまり営業に行くと、社員教育が行き届いている立派な会社ほど「わが社の教育はまだまだです」と答えるのです。反対に、この会社には絶対に教育が必要だと思われるようなところほど「わが社には教育なんて必要ない」と拒むことが多かったのです。

勉強が好きな子はますます勉強が好きになる。素敵な人ほど、より素敵になりたいと願う。その反対も然りです。仕事のできる人が努力すればするほど、すごい人になる。その反対も然りです。自分のことをよく知り、そこに向上心がなければ、努力の必要性にすら気づかない……。

私はこの大切な気づきを「エステの法則」と、心の中で呼んでいます。

# 073 プロフェッショナルは「一生懸命やっています」という言葉を使わない

私は昔から「一生懸命」という言葉が好きです。どんな場面でも「一生懸命やっています」と言ってきました。ところが、わが社の副社長が部下の前でこう言い放ったのです。「一生懸命やっていますは、仕事人として、一番低次元なセリフだ」と。

副社長の真意はこうです。「たとえばミスが起きたとき、何としても解決するという精神と実行力が必要だ。そんなとき、一生懸命なんて言葉が出てくるはずがない。一生懸命という言葉には『誰かにわかってほしいという気持ち』が隠れている。だが本当に一生懸命なら、誰かにわかってほしいと思う余裕なんてない。本当の一生懸命は行動でしか語られないものなんだ」

「一生懸命」という言葉を口にするうちは、上司や周囲の目を気にするアマチュア。本当のプロは一心不乱の仕事ぶりで、周りを見る余裕などないのです。

# 074 出世への近道は誠実な生き方の中にある

何台か前に使っていたパソコンの電源を入れてみたら、こんなメモが出てきました。誰が書いたのか、旅先の旅館の広間に掲げてあった「出世への近道」と題された１枚の色紙。その言葉に感銘を受け、「気づきのノート」に書き込んだものです。

・良い女房を早く持て
・賭け事はするな
・自らの過信に気をつけろ
・泣き言を言うな
・初心を忘れるな
・人には借りを作るな
・義理を欠かすな
・時間を守れ
・常々の勉強を怠るな

――これらの言葉は出世だけではなく、自己実現するためにも重要な教訓ばかりですね。

075

# 「プラス思考」とは現状を打破するために今、何をすべきかを考えること！

ある心理学者の先生から、こんな質問をされました。
「人は一日にいくつのことを考えていると思いまか？」——答えは少ない人で４千、多い人なら６千。驚くほど多くのことを思考しているのですね。
ただし残念ながらそのうちの90％はネガティブなこと——今日は暑いな、上司はうるさいな、電車は混んでいるな、何となく面白くないな——そんなことばかり考えているのだとか。

もし、その90％のネガティブな思考のうちの半分でもポジティブに変えることができれば、その人の人生は180度大きく変わると思うのです。
そのためには、ネガティブな考えが浮かんだらすかさず、その問題を解決する方法を考えるべきだと思います。じつはこれはとても簡単なことです。暑いなと感じたら、上着を脱ぐ。電車が混んでいるなら、早朝出勤して混む前に乗る——そんな簡単な工夫と実践が自分自身をプラスの方向に導いてくれると思うのです。

たとえ自分の脳がマイナス思考の塊でも、それを黙認していたら進歩はありません。現状を打破するためには少しばかりのプラス思考で！　その気持ちが人生を変えます。

## 076 電話とメールがたくさん舞い込む人になりなさい

「営業担当者が真剣に仕事をしているかどうかは、見ていなくてもわかる」と以前勤めていた社員教育会社の上司がよく言っていました。
「どうしてですか？」と聞くと、
「簡単だよ。お客様からの電話の数で見当がつく」と。

何度となくお客様への訪問や面談を繰り返して人間関係を築き、お客様のよき相談相手となり、お客様のニーズや悩みを引き出して、それらに応えようとすれば、必然的に相互のやり取りが必要となります。そして約束事が増えるに従い、確認の電話や催促の電話も増えます。

一日の電話の数、メールの数、お礼状の数……。
それは、自分自身が真剣に仕事をしているかどうかのバロメーターです。そしてその数は仕事人としての、自分の価値を計るモノサシでもあるのです。

077

# イエスマンのほうが
# はるかに会社の
# 役に立つ！

イエスマンと聞くと、ネガティブな印象を持つ人が多いでしょう。しかし、私は大歓迎。とはいっても彼らが扱いやすいからではなく、真意は別のところにあります。

それはイエスマンのほうが、仕事をいち早く覚えてくれるからです。特に新人の場合は「徹底したイエスマン君」がとても魅力的です。

というのも私自身がイエスマンになれず、上司の言葉に反発する人だったからです。だから伸び悩み、成長もしませんでした。反発していた時間は結局、遠回りでありムダな時間だったと思っています。

武芸、文芸に限らず、芸事を学ぶには「守《しゅ》・破《は》・離《り》」が大事だと言います。

①師匠の言いつけを厳守（守）し、
②自分の個性に合わせた型を持ち（破）、
③そして師匠から離れる（離）。

要はイエスマンになりきって師匠の技を盗むのが先決なのです。頭を下げて教えを乞うべきなのです。むしろ上司のやり方を無視した勝手な行動は、自分の成長を阻害する要因でしかありません。

078

# チャンスが訪れたら
# すぐに手を伸ばす。
# 成功のために
# 失敗を恐れない人になる

「兆《きざ》し」は、自分を変えるチャンスです。この字に手偏をつけると「挑《いど》む」、つまりチャレンジになります。

ところが「兆し」という字に、道や歩くことを意味するシンニョウをつけると「逃げる」になってしまう。だからこそ、一筋でも明るい「兆し」が見えたら、あれこれ考えずに、まず手を伸ばして、そのチャンスをつかんでみる。私自身がそうでしたが、失敗するか成功するかは実行してみてから考えればいいのです。

世の中には2種類の人間しかいません。

それは成功もすれば失敗もする人と成功もしなければ失敗もしない人です。どちらが成長していく人間かといえば、それは圧倒的に前者です。

失敗というのは貴重な経験です。なぜなら、人は失敗した数だけ成長するから。ユニクロの創業者・柳井正さんも「自分の人生は『一勝九敗』だった」と明言しています。そして「どんな仕事の失敗も命までは盗らない」と。だからこそ、「兆し」が見えたら、そこから逃げないで大いにチャレンジしてほしいのです。

079

# 伸びている会社に共通する「厳しさ」と「やさしさ」

私は仕事柄、日本全国様々な企業を訪問しています。その経験上、断言できることは甘い環境、甘い言葉で部下に接している企業で伸びているところは一社たりとも見たことがないということです。

反対に成長している企業のトップはまず厳しい人。ですがその半面、温かさを感じる人ばかりです。またトップに限らず、そこには鬼の上司がいて部下を真剣に叱咤している。そんな会社が伸びていると感じます。

伸びていく会社はみな、どこかに「親心」に似た感覚が漂っています。親は自分のことを棚に上げても、子を叱ります。その理由は「大事だから」にほかなりません。

大事に思うから「真剣に指導して、部下を成功に導きたい」、大事に思うから「厳しく接して、この若い力を最大限に伸ばしてあげたい」――そんな愛情が厳しさの中に感じ取れるのです。

# 080 悩みがないのは あまり努力を していない証拠！

尊敬している京セラ創業者・稲盛和夫さんの言葉に、
「努力していない人に悩みはない。経営努力をしているからこそ、悩みが出る」
というのがあります。これは経営だけの話ではないと思います。たとえばスポーツ。会社の屋上で昼休みにバレーボールで遊んでいる人に、バレーについての悩みはありません。それどころか「ああ、楽しかった」とすっきりした気分で仕事に戻るでしょう。

しかし、バレーボールのプロは違います。一球一球、「この打ち方で正しいのか」と自問自答して自分の弱点を分析。矯正点を直し、長所に磨きをかけ、さらなる高みを目指して努力し続けなくてはならないのです。

ですから仕事でいくつもの悩みを抱え、大きなストレスを感じるのは当たり前のことです。むしろ、悩み一つなく、楽しい職場だと感じている人こそ要注意。それは、努力をしていない証拠かもしれません。

081

# 部下のパワーを生かすか殺すかは上司の能力にかかっている

少しだけ自慢をさせてください。私が以前勤めていた社員教育研究所は当時社員が230人、年商は23億円。年間1千万円の数字を上げれば優秀な営業マンとして評価されました。そこで私は年間1千万円ではなく、1億円の数字を単独で上げていたのです。

しかし、本当は自慢できることではないのです。というのも、私が人の10倍の成績を上げることができた要因は、私の力というよりも「私の小さな能力を10倍引き出してくれた上司」の手腕にあったと思うからです。

もちろん私自身、数字に対しての強いこだわりはありました。しかし、上司が「今月の倍をやれ、倍をやれ」とつねに数字を求め、妥協を許さなかったことが高成績につながった大きな理由なのです。

そんな上司が、当時は大嫌いでした。褒めてくれることなど一度もない人でした。

しかし、あるとき社長から「彼が朝倉さんのことをよく褒めているよ」と言われ、また給料も自分より私のほうが多くなるようにと、推薦してくれていることを知りました。じつはそんな心を持った上司につけた経験こそが、私の本当の自慢です。

082

# なぜ私は、「飛び込み営業」で門前払いされたことがないのか

多くのセールスが嫌う「飛び込み営業」で、私は門前払いされた記憶がありません。その一番の理由は単純で、何事もあきらめないからです。

といっても、相手が会ってくれるまで玄関先で座り込むわけではありません。「次につながる方法」を最優先に考えて実行しているわけです。

飛び込みで訪問しても、受付が「はい、そうですか」と簡単に担当者に取り次いでくれる会社などありません。しかし、そこで気持ちを折らないことが重要。「恐れ入りますが、次回改めてお電話させていただきます。その際はどちら様にご連絡を差し上げればよろしいですか？」と聞けば、担当者の名前がわかります。さらに「失礼があってはいけませんので、○○様のお役職をお教えいただけますか？」と続ければ、相手の役職が判明します。そこで後日、「先日は直接ご訪問いたしまして申し訳ございません。ぜひ一度、ご面会の機会を〜」と、その担当者に直接電話をすれば、高確率で面会できます。

つまり、私の営業の目的は「飛び込むこと」ではなく、「担当者に会うこと」です。だから、初日に断られても苦になりません。初回は「情報収集」が目的と考えれば、その日の仕事は100%達成したことになるのです。

083

# 上、三年にして
# 下を知り、
# 下、三日にして
# 上を知る

この言葉は、上司と部下の関係を的確に表しています。上司が部下の持つ潜在能力や可能性に気づくまでに、時間を要することは多い。しかし、部下のほうは上司の力量や性格を短時間で正確に見抜いてしまうものです。

部下から見れば上司は一人ですが、上司から見れば部下は何人もいる。部下を知るのに時間がかかるのは当たり前――そう思うかもしれません。でも、私は部下への無関心が大きな原因だと思います。

なぜなら、部下に無関心な上司の下にいた人が、人事異動で上司が代わった途端に急激に成績を伸ばし、意外な才能を発揮するケースをたくさん見てきたからです。

部下の能力を引き出すことは、単なる思いやりではなく、上司の任務であり、責任です。無関心は管理職としての仕事放棄、さらにいえば会社に対する背任行為と思うべきです。

第6章

# 売れない時代こそ たくさん売る人になれる とっておきの考え方

「あなたから買いたい」と思われる人になりたい!

## 084 目標は100%を超えて初めて達成といえる

伸びる人と伸びない人の差は、ほんの紙一重。よく営業マンの中に、「今月は目標の90%いったから、まあいいか」と満足げに話す人がいます。そういう人で大きく伸びた人を見たことがありません。これは経験やスキルや力量の問題ではなく、目標達成という命題への執着心の弱さが、その人の成長をそこで止めてしまっているのです。

本当に伸びる人は、目標の100%以上を目指します。目標は100%を超して初めて達成。これは目標を立てた者の義務です。そして、単に達成しただけで安心せず、さらなる高みを目指す──そういう人こそがどんどん伸びていくのです。

たとえ部下が目標の90%を達成しても、評価に値しません。100%でない限り評価しないでください。なぜなら、未達成の10%のせいで、部署全体の目標が未達になる可能性が出てくるからです。

# 085 「売れない理由」を いくら探しても 売る方法は見つからない

いきなり「朝倉さん、今日から自動車を売ってください」と言われても、私は売り上げを伸ばす自信があります。

なぜか。それは命じられた瞬間、「この自動車を売るためには、どうすればいいか」を考え、商品のメリットを徹底的に探し出すことができるからです。

その自信は、自社商品が他社より劣る場合でも崩れません。「確かにA社の自動車はバランスがいい。しかしながら、わが社の自動車は乗っていて楽しいのです。その理由をお伝えしてもいいですか？　たとえば家族旅行のときなどは……」というように、パンフレット通りの説明ではなく、自分の言葉で商品のよさをアピールし、買いたくなるようなイメージを物語として提供できるからです。

「なぜ売れないのか」と、売れない理由を探し始めても解決しません。大切なことは、まず自分が「売る商品」の最初のファンになることだと思います。

# 086 売れない人ほど重くて分厚いカバンを持ち歩く

よく資料やカタログがいっぱい詰まったカバンを持って、汗を拭き拭き外回りをしている人がいます。

でも、そういう人がトップセールスになれるかといえば、これは違うのです。理由は簡単。トップになる人の多くは、使うべきツールはすべて頭の中や手帳の中にあるので、手に持つカバン自体は軽いのです。

お客様から要求があったとき、ガサガサとカバンの中をまさぐって資料を引っ張り出す人より、さっとおしゃれな手帳を取り出して答えたほうがスマートで有能に見えます。

お客様への提案も分厚い資料でなく、見やすく短時間で納得してもらえるものでなくてはなりません。

これは営業に限らず、どんな仕事でも大切なこと。自分がもたもたしていて、お客様の貴重な時間を奪ってしまうことは厳禁なのです。そろそろ大きなカバンをやめて、スマートに動こうと心がけるだけで仕事の能率がかなりスピードアップします。

087

# 「目指すは社長の後継者！」公言した大きな目標が何もできなかった自分を育ててくれた

パソコンも英語もまったくできなかった35歳の私が中途入社した社員教育研究所で生き残っていくには、すぐに結果を出すしかありませんでした。

当時の私の目標は、いち早くトップセールスになること。そしていち早く自分の市場価値を高めることでした。ご存じの方もいるかと思いますが、この会社は「地獄の特訓」などの研修を提供する、業界では有名なところでした。そんな会社のトップセールスなら、かなりの市場価値があると思ったからです。

入社して1か月、自ら申し出てその「地獄の特訓」に参加。自分が体験しない限り、お客様にお勧めできないと考えたからです。そこで体験して、もし他社の社員に受けさせたくないような研修だと感じたら、私はここを辞めようと決心していましたが、この特訓の内容は売る価値のあるものだと確信しました。

これは次の年に社長にあてた年賀状です。

「目標はトップセールス。目指すは社長の後継者……くらいの意気込みでやります」

社長の後継者と言い切ったその大きな目標が、私自身をトップセールスに育ててくれたと思います。

088

# 夢は
# 見るものではなく、
# 実際に叶えるもの

女子サッカー、なでしこジャパンの澤穂希選手は小学生時代、女の子であることを理由に地元のサッカークラブになかなか入団を認められなかったのだとか。お母さんの努力で何とか仮入団。あるとき、コーチの勧めで試合に途中出場したところ、いきなりゴールを決めてチームを勝利に導きました。その活躍が地元の新聞のニュースに取り上げられ、晴れて正式入団できたそうです。

そんな彼女の座右の銘が「夢は見るものではなく、叶えるもの」。自分の手で夢をつかみ取った彼女らしい言葉です。夢を見るだけで行動しない夢想家でいたのでは、決してその夢を叶えられないのです。

なでしこジャパンの大黒柱にまで成長した彼女は北京オリンピックのとき、後輩にこんな言葉を投げかけました。

「苦しいときは私の背中を見て！」

数々の苦難を乗り越え、夢を叶えてきた自信がないと、出てこないセリフです。会社がピンチのとき、こんな言葉で部下を励ますことができる上司になりたいと思いますし、私はそのための努力は惜しみません。

089

# 「あの人から買いたい」<br>「あの人以外は買わない」<br>不況の時代こそ、<br>付加価値のある人になろう

景気は上向きとはいえ、まったくその実感はありませんが、私は悲観していません。

周囲は「なぜか売れない、誰も買ってくれない」と嘆いているようですが、遠慮せずに言ってしまえば、「モノが売れないのではない。売るための努力をしていないだけ」のケースが多いのではないでしょうか。

その証拠に、トップセールスと呼ばれる人は好不況にかかわらず、どんな時代でも結果を出しています。

企業ブランドや商品力に頼らず、つねに内なる目標を掲げ、自分磨きを怠らず、高いモチベーションを保ち続けている人には不況など関係ないのです。

そこには「商品を売る」という意識ではなく、「自分を売る」という意思があるからです。

商品説明よりも自分を売ることで「あなたという人から買いたい」「あなたが言うなら、いい商品に違いない」「あなた以外の人からは買いたくない」――つまり、トップに立つ人はどんな時代でも、付加価値のある人になるための努力を惜しまず、それを心がけているのです。

090

# 肩書やお金は<br>いずれなくなる。<br>自己投資こそ、<br>もっとも堅実な投資

前職を辞して独立した際に、私は自腹で年間415万８千円という受講料を払って、高額な自己啓発セミナーを受けました。お金が有り余っていたからではありません。むしろ今までの人生の中で、ここが一番経済的に苦しい時期でもありました。

でも受講して正解でした。自信がついたからです。セミナーの内容そのものよりも頑張って１年間通い続けた自信、また高額な受講料を払い切ったことへの自信。それらが何ものにも代えがたい人生の糧となりました。

私の信条は「あきらめないこと、やり続けること、自分には出来ると信じること」です——特にこのセミナーに通っていたときに、このような強い精神力が養われたといっても過言ではありません。

「イントロダクション」でも書きましたが、どんな時代でも、もっとも堅実な投資は自己投資です。特に高いお金を投資してまで身につけた経験や知識は、それらを真剣に学んだ分、後々の仕事や人生に生かされてくると実感しています。ただし、学んだことは行動に移す。これが肝心ですが……。

## 091 成熟市場では引き際の俊敏さが求められる

朝令暮改は悪いこと？　朝礼で言っていたことが夕方にコロッと変わっても、私はかまわないと思います。むしろ部下が「社長はいつも優柔不断だ。言うことがコロコロ変わる」と、不平を漏らすような会社こそ危険だと感じています。

トップが「前進！」と叫べば全員が前進。「撤退！」と命じたら全員がパッと引きあげる。このような俊敏な決断ができるトップが率いる組織こそ、移り変わりの激しいこの時代に適応し、生き残れます。

わが社でも、８年前に始めた新事業を08年の６月にスパッと切り捨てました。当時は成長分野の事業だったのですがコストに見合わず、ダラダラと運営しても利益は生まないと決断したからです。直観どおり、撤退後にその分野は一気に衰退し、大きな損失を避けることができました。

どんな目の前の小さな仕事も、体制を一気に変えてしまうほどのダイナミックな企業経営も、すべては人の決断によって営まれるのです。その決断が早いか遅いかによって、それが利益に直結するのです。

# 092 愛される営業マンは商品ではなく「物語」を売っている

東京ディズニーランドに行ったカップルが、橋の上から池をのぞき込んでいるときに大切なイヤリングを落としてしまいました。慌てている２人のもとにスタッフがやってきて、「携帯の番号を教えてください」と言ったそうです。しばらくすると園内にいるカップルに電話が。「イヤリングが見つかりました」。「どうやって見つけたんですか」と女性が尋ねると、そのスタッフは「だって、ここは魔法の国ですから」と答えたそうです。実際はダイバーがもぐって探したのです。

このストーリーは、カップルにとって一生の思い出になったことでしょう。最後まで夢を見させてくれたディズニーランドのスタッフは一流のサービスマンです。

営業でも、こんな物語を語れたら素敵ですね。この商品を買ったら、どれほど素晴らしい世界が実現するか――お客様にそんな夢を語れる営業を目指したい！

# 093 断られ続けた会社の担当者が交代した。このチャンスの生かし方

半年ぶりに電話したら、以前はけんもほろろだった担当者が代わっていた。営業としては、仕切りなおして売り込む絶好のチャンスです。

しかし、そこで性急に本題に迫ると絶好の機会を逃します。こういうとき、私は面会した折に「お友達が一人できたと思ってください。無理にとは申しませんので、タイミングが合うときにご連絡ください」と言って、ひとまず帰社します。

新任の担当者は、慣れない仕事でそれなりに不安を抱えていますから、外部に味方ができることは心強くて大歓迎なのです。ですから、まず新任者の不安を取り除き、「外部ブレーン」の役回りに徹することです。

このような関係を築ければ、身近な相談相手、パートナーという形で顧客のニーズを知ることができるようになります。

094

# お願い営業、<br>お友達営業に<br>頼っていては<br>利益はほんの少しだけ

「うちみたいな小さな会社には大した人間が来ないよ」

経営者の方がこのような発言をしたとき、私は少しムッとして、すかさずこう言います。

「そういうことは二度と言わないでください」と。

なぜなら、それは自分から「私の会社はしょぼい」と言っているのと同じだからです。社長がしょぼいという会社は、社長本人も会社もしょぼくなる。同じように、上司がしょぼいと言っていると、部下もしょぼくなる。あなたがしょぼいと、お客様までしょぼくなります。

これは真理なのです。

営業もちまちま動いているだけでは、絶対に大口は取れません。証券会社のOLとして株の売買をやっていたとき、「鈴木さん、元気でやっていますか。ちょっと一口乗ってくださいよ」「頼みますよ、協力してくださいよ」といったお願い営業、お友達営業をしていた人は、小口の契約しか取れませんでした。

一方、毅然とした態度でムダ話などせずに、お客様と接することを第一に心がけていた私には、何千万円もの大金を信用して託してくれたものです。

# 095 競合商品を使っている顧客ほど簡単に契約が取れる

電話をかけたら相手に、「すみません。うちはD社さんにお願いしているので」と競合の社名を出して断られるケースは多いでしょう。そのひと言で名簿に×をつけ、次の会社をあたる人はトップセールスになるチャンスを自ら放棄しています。

私が社員教育研究所に勤務していたときは、こういったケースこそ大チャンスカード。何としてでも面談にこぎつけ、アプローチをしたものです。

その理由は、競合する研修を利用している企業なら、それは社員教育の必要性をまさに感じている証明でしょう。つまり社員教育に対する理解があるわけですから、話は早いのです。あとは「わが社のどこがどう優れているか」「なぜ私が担当なのか」を説明すればいいのです。

お客様が「他社の名前」を出したときはそこに需要があり、これはまたとないチャンスなのです。

# 096 私が最初の営業訪問でまず見るのは、「若い社員と観葉植物」

これまで何千社もの企業を訪問してきた経験から言えば、訪問直後に若手の社員をチェックするだけで、その企業のよし悪しがわかると確信しています。

特に目の輝きと声のトーンです。若手の彼らがキラキラした目で仕事をし、はきはきとした挨拶や受け答えができていれば将来性のある会社。反対に若者の目が死んでいて、声に張りのない会社は危険信号です。

また細かいチェックですが、玄関先や応接室などに置いてある観葉植物も、企業の健康状態を知るいいバロメーターです。植物が枯れかけて、床に葉が落ちているような会社は重症。「植物が枯れていることに誰も気づかない」ということは社長を筆頭に、全社員の動きが「鈍化」している証拠です。

じつは私はこの手の会社を敬遠していました。なぜなら「鈍化」している会社は社員教育自体に興味を示さないからです。

## 097 成績トップを目指すなら目の前にいるトップを徹底的に真似なさい

社員教育研究所に入社した初日に、私が先輩に聞いたことは「誰がこのフロアで一番の数字を上げているのか？」でした。そして、当時トップの人にターゲットを絞り、「当面は彼が目標！」と心に誓いました。

「同行させてください」と訪問先について行く、「企画書はどうやって書くのですか？」と教えを乞う。トップを走る人は器が違いますから、しつこく尋ねる私に惜しみなく、丁寧に教えてくれました。

そして私は彼のいい点を徹底的に真似ました。

「学ぶ」という言葉は「真似る」からきたといわれますが、具体的に目標としたい人を決めると、真似たい部分がいくつも出てきます。そして挨拶ひとつでも、お辞儀の角度や手の位置などの細かいところまでがお手本になるのです。本などから知識を学ぶことも大切ですが、このように実地での勉強はさらに大事だと思います。

# 098 一瞬であなたが「感じのいい人」になれる魔法があります！

ビジネスシーンであれ、プライベートであれ、私はあなたが一瞬で「感じのいい人」と思われる魔法を知っています。それは会話をするとき、語尾を「！」から「？」に変えることです。

具体的に言うと、たとえば上司に対して、「教えてください！」ではなく「教えていただけますか？」と言うのです。これだけで受け手の心地よさが変わります。「教えていただけるとありがたいのですが、よろしいでしょうか？」と言えれば、より完璧です。

つまり、会話を質問調に言い換えるだけで、とげとげしさが消え、感じのよさが伝わるのです。

相手を気持ちよくさせることのできる人は好かれ、人間関係において悩みがなくなります。簡単なことですが、上司や恋人、友人との会話で試してください。いい雰囲気の関係になれますよ。

099

# 好感度が上がらない人の特効薬。それは、「見た目が10割」と思って外見を変えること

女性の営業職を対象に開いている「トップセールスレディ育成塾」に真っ黒な髪の毛を後ろに束ね、眼鏡をかけた地味な印象の女性がいました。しかしよく見ると、彼女は170センチほどの長身で、顔もSさんという有名な若手の女優さん似の美形です。

「眼鏡を外して、髪形を変えてみたら」と彼女にアドバイスしても、「ずっとこんな感じですから」と乗り気ではありませんでした。でも私が「やってごらん。次回までの宿題」とダメ押しすると、彼女は髪を切り、コンタクトをつけて大変身。聞くと、もともと目立つのが嫌な性格なので、わざと地味にしていたのだとか。

彼女はその後、イメチェンしただけでグングンと成績を伸ばして、何とトップセールスに！　営業という仕事こそ、見た目が重要という典型的なケースです。

これは男性にも大いに言えること。スラックスを細身にして、靴のフォルムを変えるだけで身長は5センチ高く見えます。成績が上がらないとき、仕事の流れを変えたいときは、まずは見た目が10割と判断し、外見をがらりと変えてみることです。

## 100　できない人の3つの特徴

・できない人ほど、口数が多い
・できない人ほど、書類が多い
・できない人ほど、経費を使う

思い当たることはありませんか？

じつはできる人ほど、「身軽」です。余計なことはしゃべらない。書類も必要最低限。仕事にムダがなく、営業回りのルートも最小限で済むように工夫しているから、交通費もかからない。

つまり、仕事の労力をいかに軽減するかに知恵を使っています。よって体力も温存でき、健康にも気を使うことができ、そして、いざというときに無理が利くのです。

顧客数が多い上位成績のセールスマンほど忙しく、時間が足りません。そこで彼らは効率よく動いて、使える時間を作り出しているのです。

# 101 どんな小さい仕事でも経営感覚を持って取り組みたい

多くの在庫を抱えている幹部に、松下幸之助さんは、「君は魚屋に丁稚奉公に行け！」と一喝したそうです。その理由は「魚屋やったら今日仕入れたものは今日中に売ってしまわんと。明日になったら値打ちが半分になる。そやから魚屋は今日売れる見通しをちゃんと立てて仕入れとるぞ。その仕入れのコツを勉強してきたらいい」というわけです。

ビジネスパーソンの多くは、このような個人事業主の経営感覚に疎《うと》いようです。しかし、松下さんは、「どんな小さな仕事でも一つの経営である」と考え、「たとえ入ったばかりの平社員であっても、個人事業の経営者としての意識を持つ必要がある」と訴えていたのです。

自分自身を一国一城の主とみなし、つねに仕事の目的を把握し、責任を持って「経営」していく――そんなミニ社長の感覚を持った社員の多い会社が強い組織となるのです。

102

# 営業は時間が勝負！<br>仕事を前倒しで<br>片付ける人が<br>いい成績を残す

私がお世話になっている弁護士の先生に、「時間管理の超達人」がいます。先生は何冊ものベストセラーを出されていますが、特に私が参考にしているのは、「朝10までに仕事を片付ける」という考え方。これはいわば仕事を前倒しで実行しているからできることです。

営業では特にそうですが、先手、先手と策を打ち出さないとライバルに勝つことができません。一瞬の遅れが契約の差になって表れるのです。そんな先手必勝を心掛けている弁護士先生から、仕事を早く片付けるコツを3つ教えていただきました。紹介しましょう。

①仕事には必ずタイムリミット（デッドライン）を設けて、これを遵守する
②スケジュールを作り、つねに前倒しで実行する（たとえば上司に7日後といわれたら、6日後に提出するなど）
③たとえ込み入った話でも、3分以内で話す話術を身につける

じつは、これが簡単そうでなかなかできないのです。私は時間を作り出すために優先順位をつけることより、仕事をスピードアップ化して、1時間かかる仕事を30分で終わらせるよう、わき目もふらずに取り組んでいます。

103

# ふっと出てくる本音に、細心の注意を払いたい

東京に大雪が降ったときのこと。乗ったタクシーの運転手さんが問わず語りにこんな話をしてくれました。

「雪が降ると、16年前の結婚したての頃のことを思い出すんです。そのときも大雪でね。女房が『滑るからチェーンを買ったほうがいいよ』と言うんです。『うん、そうだね』と答えると彼女が『危ないから、カーショップには１人で行ってきてね』と。耳を疑いましたね、こいつホントに俺のこと愛しているのかと。女房に、この話をすると『そんなことは絶対言ってない』って言うんですが、言われたほうは絶対に忘れないものです」

どんなにきれいなことを言っていても、ふとしたときに本音が漏れます。

特に営業マンは要注意。

厳しいクロージングの果ての気がゆるんだ瞬間に余計なひと言が出がち。そのたったひと言で今までの苦労が水の泡になったケースは枚挙にいとまがありません。

# 104 心が曲がれば仕事の結果も曲がってしまう

JALを再建した稲盛和夫さんは朝礼のとき、社員がピシッと並ばないと「心が曲がっていたら列も曲がり、製品も曲がってしまう」と言って叱ったそうです。また、「机の上の整頓もできない者にきちんとした仕事などできるわけがない」とたしなめることもあったとか。

ある新人が「うちの会社は自衛隊並みですね」と上司に言ったところ、「いや、自衛隊以上だよ」と答えるくらい規律を重んじたそうです。

規律がない組織には、必ず「怠惰」がはびこります。その怠惰がいつの間にか製品をゆがんだものにし、そのゆがみに気がつかない土壌を作っていくのです。

怠惰な心と慢心――自分の日々の仕事の中から小さなミスを見つけ、そしてそれらを排除するために、つねに完璧を求める精神力が求められます。

105 ミスに甘い上司——。
その下の人たちも
ミスに甘い人になる

企業のトップの方々を対象にした講演会での出来事です。準備の段階で、ある女性スタッフが別のスタッフを激しく叱責したのです。それも集まったトップたちの目の前で……。

後で聞いた話ですが、そのときのトップの方々の反応が真っ二つに割れていたそうです。

「クライアントの前で、あの怒り方はいかがなものか」と引いていた社長さんたち。その一方で「彼女の行動は正しい」と、ミスを許さない社員の姿に感動した社長たち。

そして、後者の方々の中には「1ミクロンのミスも許さない○○さんはきれいでした。彼女の叱り方に感動しました」という感想をメールで送ってくださった方もいたのです。

京セラの稲盛和夫さんはこう言っています。

「企業の業績と経営者の全人格はイコールだ。会社の業績はあなたの全人格のそれ以上でもそれ以下でもない」

部下は上司の真似をします。上司がミスに甘い人なら、その部下も後輩に対して甘い人になる。部下に厳しく接するのは上司として当然の態度なのです。

## 106 お詫びの言葉は癖になるからやめなさい！

お詫びの言葉を話の枕詞やクッションに置く人はたくさんいます。ひと言で言えば、彼らは運を逃しかねない人です。電話をかけたら「申し訳ありません。わたくし、新規開拓という会社の○○と申しますが」とか、飛び込み営業で「すみません。ちょっとお時間ありませんか？」と言う社員がいたら、私は厳しく指導します。

こういう人は、自分で自分のイメージを落としている人です。お詫びの言葉は癖になります。無意識のうちにへりくだりすぎの人格を生みます。そして相手に対して、「とるに足らない人」という印象を植え付けてしまうのです。

私がお客だったら、こんな人と大事な仕事をする気にはなれません。「今日私に会わないと損しますよ」と言うくらいの強気な態度のほうが結果もついてくるからです。

強い運に恵まれたいと思うなら、仕事もアポも少し強気くらいでちょうどいいのです。

# 107 売り上げを上げたければ お金を追うより 仕事を追いかける

上の言葉は、人生の大先輩から授かった金言です。

営業マンにとって、売り上げは自分の存在証明です。しかし、お金を追っているだけでは結果はついてきません。

なぜならばセールスという仕事が「自社商品を買っていただき、お客様に満足していただいて、その対価としてお金をもらうこと」だからです。

お金ばかりを追ってしまうと、「お客様に満足していただく」という重要な部分が抜け落ちてしまいます。顧客満足よりも売り上げ満足に走ったギラギラ営業では、リピーターや紹介を得ることは、まずできません。

その反対に、きちんと仕事を追っている人は違います。たとえ購入に結びつかなくても、ほかのお客様を紹介してもらえるかもしれません。また「彼は優秀だよ」という評判を広めてくれる可能性だってあるのです。

108

# 頼まれごとは
# 試されごと。
# 進んで受けて
# 「頼れる人」になろう！

仕事のできる尊敬する人から、「頼まれごとは試されごと」と聞いたときから、どんな仕事でも頼まれることにネガティブな感情を持たなくなりました。

新人の頃に上司から「○○さん、ちょっとコーヒーを買ってきて」と言われることも試されごと。ここで「私だって忙しいんですから」と返事してしまうと、忠誠度が低いと思われる上に、「こんな簡単なことも嫌がるようでは、まだお客様の前には出せないな」という評価までされかねません。

お客様からの小さな依頼や仕事に直接関係ない相談事なども「頼まれごとは試されごと」です。この会社はこの程度の頼みでどこまでやってくれるか、それをテストしているクライアントもいます。

じつはトップに立つセールスはそんな「頼まれごと」をいくつも抱えています。いわばこれは相手への貸しです。

ギブ&テイクではなく、相手とギブギブギブ&テイクというほどの関係を築いているからこそ、つねに成績上位者でいられるのです。

## 109 相手に「裏切られた」と決して思わない。相手が「変化した」と思えば楽！

決まりかけた仕事を急に断られた。正直、「裏切られた」という気持ちになります。営業ならよくあることです。

そんなときにビジネス誌で、「これは相手の裏切りではなく、変化と思うべきだ」という言葉に触れました。麻雀20年間無敗の桜井章一さんという方の考え方です。

これはとても素敵なヒントをいただいたと思いました。確かに「裏切り」という言葉はとても強い言い方なので、一度胸に浮かべると、その強さに心が荒らされます。ところが「変化」という言葉に置き換えると、冷静になって受け止めることができます。

すると「相手に変化されてしまった」ことに対する自分への反省や相手の立場への思いなど、建設的な考えが浮かびます。また恨みがましい気持ちが消え、精神衛生上も楽になります。

# 110 「できないことがいっぱいある――」そう思えた瞬間、人は成長する

なぜこんなつまらない仕事をしているのだろう。自分にはもっと適した会社や世界があるのでは――そう悩み、考えている間は成長しません。

むしろ、自分にはできないことがいっぱいある。まだまだ小さい人間だと気づいた瞬間、人は伸びていくのだと思います。

そこに気づいた瞬間、どうすれば満足に仕事ができるだろうか。どうしたらお客様や上司に喜んでもらえるだろうかと、自分中心に考えていた発想から、周りを見渡しながらの発想へと転換できるのです。

そして慢心や驕りを捨て、心が謙虚になると不思議と成功への道筋が見えてきます。今の自分には何ができ、何をすれば認められるかがわかってくるのです。

それこそが「成長の階段」が見え始めた瞬間です。

[著者紹介]

**朝倉千恵子**（あさくら・ちえこ）

株式会社新規開拓 代表取締役社長
◉1962年、大阪府生まれ。小学校教員を経て35歳の時、まったく異業種である株式会社社員教育研究所に入社。中途入社、営業経験ゼロからのスタートであったが、それでも礼儀、挨拶を徹底した独自の営業スタイルで未経験から3年後にトップセールスになる。
◉そのノウハウを広く啓蒙するために2001年に独立。現在、株式会社新規開拓の代表取締役社長。社員教育のエキスパートとして、全国各地にて講演・研修活動を展開。経営者セミナーや大手企業などの管理職、セールスパーソンの教育研修を行い、7000人以上をトップビジネスマンに育て、そのリピート率は9割を誇る。また女性限定の「トップセールスレディ育成塾」を主催。卒業生は1700名を超え、全国にファンが多い。
◉著書に『コミュニケーションの教科書』（フォレスト出版）、『自らを極める営業力』（日刊工業新聞社）、『初対面の1分間で相手をその気にさせる技術』（日本実業出版社）など多数。

**株式会社新規開拓ホームページ**
**http://www.shinkikaitaku.jp/**
**『情熱』社長の一日一分ビジネスパワーブログ**
**http://ameblo.jp/shinkikaitaku-asakura**

営業嫌いだった人が1億売る人に変わる
# 「仕事ノート」

2014年4月2日　第1刷発行

◉著　者　朝倉千恵子
◉発行者　長坂嘉昭
◉発行所　株式会社プレジデント社
〒102-8641　東京都千代田区平河町2-16-1
平河町森タワー13階
電話：編集（03）3237-3732
販売（03）3237-3731
http://president.jp
http://str.president.co.jp/str/
◉販　売　高橋 徹、川井田美影、桜井栄一、山内拓磨
◉編　集　田原英明
◉制　作　関 結香
◉印刷・製本　凸版印刷株式会社


ISBN978-4-8334-2081-5
Printed in Japan